PRIX PERPÉTUEL DU PAIN

D'après le Poids naturel des Blés,

PAR

PIOT (AUGUSTE),

Ancien Garde-Moulin,

Négociant à Montélimart (Drôme).

EN VENTE :

A MONTÉLIMART (DROME), CHEZ L'AUTEUR.

1864.

LE PRIX PERPÉTUEL DU PAIN.

CHALON-SUR-SAÔNE, IMPRIMERIE MONTALAN, RUE FRUCTIDOR.

LE

PRIX PERPÉTUEL DU PAIN

PAR

PIOT (Auguste),

Ancien Garde-Moulin,

NÉGOCIANT A MONTÉLIMART (DROME).

EN VENTE :

A Montélimart (Drôme), chez l'auteur.

1864.

LE PRIX PERPÉTUEL DU PAIN.

Observations de l'Auteur.

Nous n'avons pas l'intention, en publiant cet ouvrage, de fixer une taxe pour la boulangerie, car les prix établis ne sont basés que sur des produits en toutes farines; d'ailleurs, le commerce de la boulangerie étant devenu libre, nous aurions mauvaise grâce à attaquer une mesure que nous trouvons complètement dans le droit et l'intérêt du consommateur.

Il est vrai que certains boulangers n'ont pas vu d'un œil très-bienveillant le décret qui accordait cette liberté demandée par tous, et qu'un gouvernement éclairé n'a pas craint de proclamer, parce qu'il avait compris que la boulangerie devait entrer hardiment dans la voie du progrès, et ne se soutenir que par l'émulation et le désir de bien faire, c'est-à-dire de livrer au public un pain qui puisse réunir toutes les qualités pour ne soulever aucun reproche.

N'est-il pas juste qu'un boulanger qui ne s'appliquera qu'à obtenir un pain à l'abri de toute critique, soit par l'emploi de matières de choix, soit par un travail convenable, et les soins qu'il apportera pour amener l'ouvrage de la panification à bonne fin, soit récompensé par la juste préférence que lui accordera le public.

Il est certain que la matière première étant de bonne qualité, le pain doit être très-beau et bon, mais il y a autre chose à observer, car le pain peut être très-blanc, bien préparé, mais peu cuit, attendu que le boulanger, par sa manière de pétrir, peut faire absorber aux farines qu'il panifie 40 à 45 % d'eau dans son pain au préjudice du consommateur, mais son compte s'y trouvant, peu lui importe !

Un homme de bonne foi agit tout différemment, il fait cuire son pain de manière à ce qu'il ne puisse en recevoir de reproche, et à y faire entrer 30 à 35 % d'eau seulement, il y perd, mais la qualité y gagne ainsi que les consommateurs. Aussi, dès qu'ils auront reconnu qu'un boulanger ne leur livrera que du pain bien cuit, plus nourrissant, ils préféreront le payer plus cher, et se servir chez celui qui ne les trompera pas.

Lorsque les confrères de celui qui fabrique en bonne qualité auront reconnu que ce n'est qu'en livrant au public du pain pourvu de toutes les qualités que nous venons d'énumérer, ils se mettront, nous en sommes convaincus, à imiter la perfection de celui qui aura su s'attirer une nombreuse clientèle ; ils comprendront aussi qu'en matière d'alimentation, quelle qu'elle soit, il faut toujours vendre au prix, c'est vrai, mais en première qualité, c'est d'ailleurs le seul moyen de s'acquérir une bonne renommée, et d'en être, par la suite, largement récompensé par un débit plus considérable.

Cet ouvrage s'adresse aussi à tous les établissements publics, aux manutentions militaires, à l'agriculture, aux propriétaires, aux consommateurs, enfin à toutes personnes qui aiment à se rendre compte avec promptitude et justesse.

Nos lecteurs trouveront, après l'examen de cet ouvrage, qu'il y a une grande différence entre toutes les qualités de blé, il en est de même du rendement, puisqu'il correspond à la qualité du blé qui a produit ces farines. Le rendement en pain a aussi une grande variété dans l'ensemble des différents blés que nous avons pris pour base. Notre point de départ est un grain qui. est bien inférieur, puisqu'il ne pèse que 65 k. l'hectolitre; nous savons d'avance que ces blés ne sont pas employés dans le commerce, quoique cependant ils existent, surtout dans les années pluvieuses.

Nos intentions ne sont pas non plus d'en conseiller l'emploi, car ceux qui s'attachent à ces qualités n'ont qu'à perdre sous tous les rapports, soit en rendement ou en qualité; le sujet qui nous oblige à donner ces détails n'a d'autre importance que celle de faire comprendre à ceux qui y sont intéressés, c'est-à-dire qu'il y a toujours à perdre en employant de mauvaises matières.

Nous prenons pour l'emploi des blés de commerce ceux dont le poids en qualité inférieure est de 70 k. l'hectolitre, qualité assez répandue dans les blés de Bourgogne. Cette espèce n'est pas non plus abondante en rendement en farines, ni en pain, puisqu'il ne contient que le 6 ou le 7 % de gluten; très-peu de matières sucrées; une très-petite quantité de matières gomo-glutineuses; parconséquent une prise d'eau bien inférieure, une couleur pâle, d'un blanc mat, sans goût, sans force en panification, indigeste et peu nourrissant; il n'y a donc nul avantage à employer ces blés en boulangerie, car leur rende-ment, soit en farine, soit en pain, n'est pas assez lucratif pour que ceux qui en font l'emploi y trouvent leur compte; c'est donc une qualité à laisser de côté pour ceux qui croient que le bon marché donne des bénéfices. C'est leur ruine, et un désavantage pour ceux qui les consomment.

Passant maintenant en revue les blés du poids de 75 k. l'hectolitre : c'est la qualité qui tient le milieu des deux extrêmes comme qualité et poids, il est donc évident qu'ils sont plus riches en gluten, attendu que le gluten n'est dans le blé en abondance qu'à condition que ce blé aura été récolté en complète maturité, et que l'augmentation de son poids n'est qu'en raison de sa richesse en gluten, etc.; il rendra donc plus de farine et fera un pain très-passable qui a un 15me de valeur comme rendement et qualité; avec ces blés, les meuniers, les boulangers, peuvent, sans trop avoir de bénéfices, ne pas être en perte, comme avec l'emploi de la qualité précédente. Il y a aussi la qualité extrême, les blés qui réunissent à eux seuls les bonnes qualités, ils renferment alors tous les principes nécessaires à une bonne panification. Ces blés, récoltés en complète maturité, sont riches en gluten, et en contiennent parfois le 16, le 17 et même le 18 %. Outre ces principes, il existe des matières sucrées et gomo-glutineuses en abondance, c'est pourquoi on ne peut pas toujours en obtenir une blancheur parfaite, mais il a en remplacement de cette blancheur une certaine couleur d'or, qui pour un connaisseur est d'autant plus préférable, que le pain a un goût de noisette très-agréable; ces blés rendent jusqu'à 80 k. et même 82 k. de farines par 100 kil. de blé. Le rendement en pain en boulangerie atteint jusqu'au tiers en plus de son poids, c'est-à-dire que 100 k. de farines rendent en pâte douce, bien entendu, de 145 à 150 k. de pain par 100 k. de farines, selon que l'opération de la mouture aura été plus ou moins bien traitée, circonstance dont il faut tenir compte.

Il est dans nos attributions de faire comprendre à tous les intéressés combien il doit leur importer de n'employer que les blés les plus pesants qu'ils peuvent trouver, ils les paieront plus cher, il est vrai, mais ils y gagneront, soit par un rendement plus abondant, soit aussi par une meilleure qualité et par contre une plus grande prise d'eau. Cet ouvrage donnera à nos lecteurs une idée de la différence du rendement des blés en farines et des farines en pain.

Maintenant nous allons expliquer comment il faut opérer pour trouver le prix par k. et par 100 k. : le prix du pain produit par 100 k. de farines, par sac de 122 k. 1/2, 125 k. et 159 k.; moyens qui permettront de trouver, d'une manière succincte, le prix de la quantité de pain produit par chacun des systêmes de sacs en usage dans les diverses contrées de France.

EXEMPLE.

Cet ouvrage contient 5 séries de 8 tableaux chaque série; de la page 2 à la page 9 l'on trouve le prix du pain par kil. ou par 100 kil. Car il n'y a qu'à compter les francs en centimes et les centimes en millièmes pour avoir le prix du pain par kil.

Ainsi donc, pour trouver le prix du pain, ou ce qui revient au même le prix de la quantité de pain produit par chaque système de sacs; il suffit de lire avec attention les en-têtes de chaque colonne, afin de savoir s'ils sont dans la série des prix du kil. de pain, ou du pain produit par 100 kil. de farines, et ainsi de suite.

Supposons par exemple que l'on veuille savoir, à première vue, combien rend un blé du poids de 75 kil. l'hectolitre, d'après nous il rend en farines

75 kil. par 100 kil. de blé; d'après nous aussi, 100 kil. de farine provenant de ce blé rend 135 kil. de pain de toutes farines en boulangerie.

Si le blé a coûté 26 fr. les 100 kil., le pain coûterait 32 fr. 20 c. les 100 kil., y compris 6 fr. par 100 kil. de pain pour frais de panification. On voit qu'il n'est pas difficile d'opérer et de trouver le prix du pain, il en est de même pour toutes les autres tables. Puisse cet ouvrage avoir toute l'utilité que nous en espérons.

NETTOYAGE, DÉCORTICAGE,

Système FILI,

Constructeur-Mécanicien, à Rennes.

—◦◦◦◦—

Avantages de leur emploi dans la Meunerie.

L'importante question d'obtenir un nettoyage parfait des blés pour leur mise en mouture a été, depuis de longues années, une des plus grandes préoccupations de ceux qui aiment le progrès, le bien-être des classes laborieuses, en un mot, de ceux qui ont intérêt à toutes les améliorations possibles. Nous nous faisons donc un devoir de recommander, d'une manière toute spéciale, la machine à décortiquer de M. Fili, constructeur-mécanicien, à Rennes, et nous nous empressons de reproduire, bien entendu dans l'intérêt particulier de la meunerie, la circulaire, plus le plan de cette machine.

Nous croyons que nos lecteurs nous sauront gré de mettre sous leurs yeux les détails exprimés par l'inventeur lui-même, ainsi que le plan de sa machine, de sorte qu'ils pourront juger, par eux-mêmes, du mérite de cette invention ingénieuse, pleine d'intérêt pour ceux qui en feront l'emploi dans l'agriculture, comme dans toute espèce d'industrie.

Ce constructeur a eu l'heureuse idée de réunir le simple à l'utile; éléments qui se rencontrent peu souvent. Leur réunion a donc fait de cette découverte une des plus précieuses inventions modernes concernant la meunerie.

Par l'emploi de la machine Fili on obtient le décorticage des blés et de toutes espèces de céréales, ce qui permet aux meuniers de nettoyer les blés confiés à leurs soins jusqu'à la décortication; cette opération rend la mouture des blés plus facile, plus avantageuse. Dans ses effets habituels l'on trouve plus de rendement, un travail plus facile, moins de remoutures, et par suite les produits subissant moins de manipulation, une blancheur plus parfaite des produits est obtenue par la seule raison que, la première pellicule étant séparée du grain, et constituant par elle-même une épaisseur marquante, les meules en jeu sont plus rapprochées l'une de l'autre, il y a plus d'harmonie dans l'ensemble du fini du travail; des meules, en un mot, la mouture s'opère avec beaucoup plus de facilité, ensuite il y a diminution des forces dynamiques, les gruaux sont plus fins, plus uniformes, mieux suivis, ils se trouvent en bien moindres quantités, par suite d'une division plus parfaite, surtout si la tenue des meules a été parfaitement comprise; chose essentielle et indispensable pour tirer parti des produits. Avec ces heureuses combinaisons, les sons sortent plus purs, plus dépouillés, et par contre, débarrassés de leurs principes nutritifs, ils sont doux au toucher; il y a par conséquent moins de déchets, économie de main-d'œuvre, augmentation des produits et amélioration dans la qualité.

Malgré les éloges mérités que nous venons de décerner à cette admirable invention, nous avons tout lieu d'espérer que MM. les propriétaires de moulins ou meuniers, qui feront l'acquisition de ces machines trouveront, sans doute, après l'avoir employé, que nos recommandations sont au-dessous des immenses avantages qu'elles pourront leur procurer; nous nous estimerons donc très-heureux d'avoir pu contribuer à la propagation de ce nouveau système, par le simple exposé que nous avons pu en donner dans cet ouvrage.

Aug. PIOT.

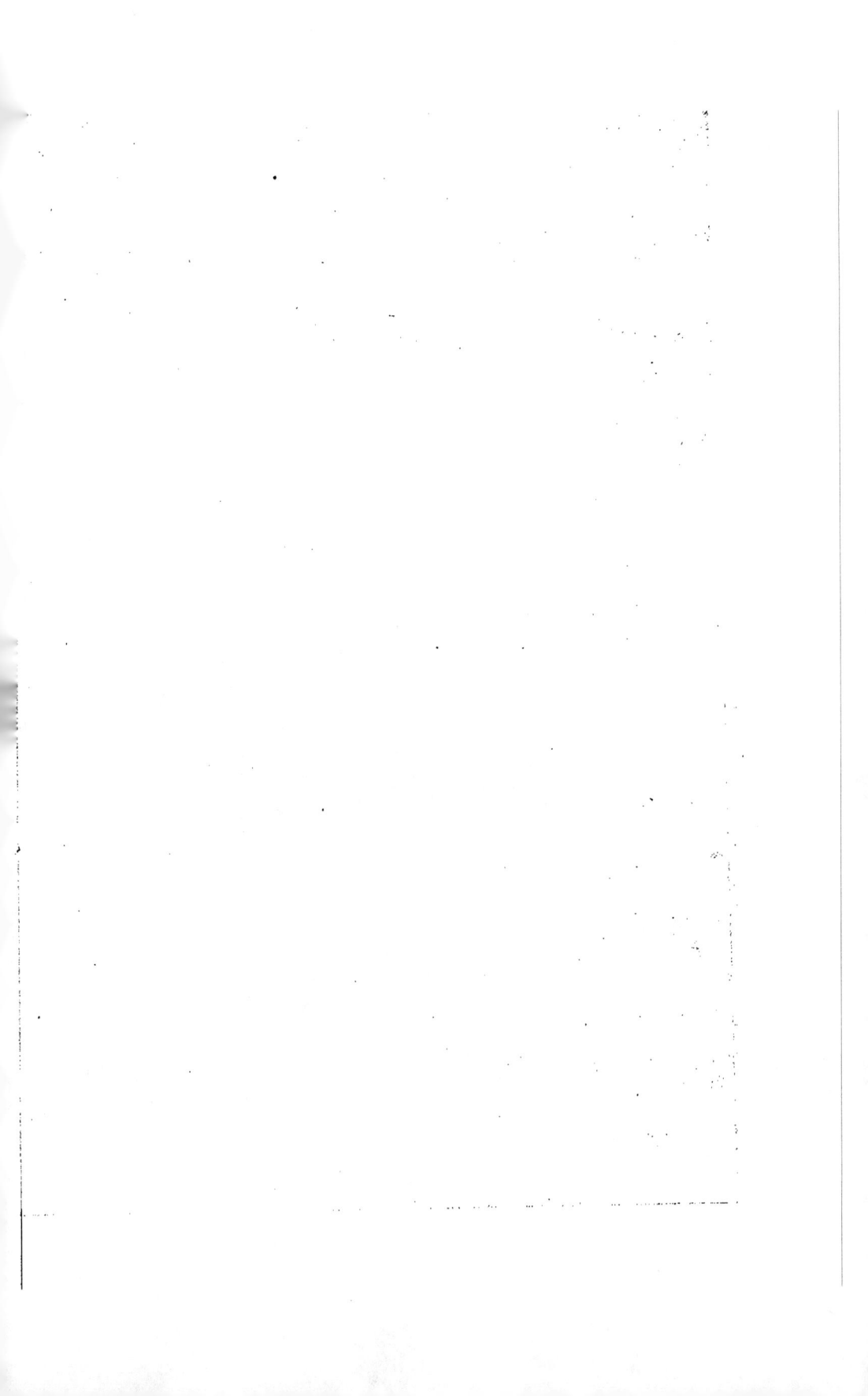

NETTOYAGE, DÉCORTICAGE ET PERLAGE DES GRAMINÉES
PAR LA FORCE CENTRIFUGE,
BREVETÉS (s. g. d. g.) ET PATENTÉS EN ANGLETERRE,

Construits par FILI, Mécanicien,
RUE DE GAILLON, 7, A RENNES.

Toutes les demandes et renseignements devront être adressées à M. Auguste PIOT, négociant à Montélimart (Drôme), auteur de divers ouvrages sur la meunerie, notre représentant, auquel nous avons donné le privilège exclusif de la vente, pendant toute la durée de notre brevet, dans les départements suivants : Drôme, Ardèche, Vaucluse, Gard, Bouches-du-Rhône, Var, Hautes et Basses-Alpes, Isère, Rhône, Haute et Basse-Savoie, l'Ain, le Doubs et les Alpes-Maritimes.

A Messieurs les Meuniers et Brasseurs,

Le nettoyage vertical à force centrifuge, que j'ai l'honneur de vous offrir, se distingue par la forme conique que j'ai eu l'heureuse idée de donner aux éléments travailleurs de cet instrument, et par les dispositions on ne peut plus simples que j'ai adoptées pour le montage de la colonne; c'est à cette double pensée qu'il doit une supériorité marquée, sous tous les points de vue, sur tous les appareils connus jusqu'à ce jour.

Les avantages qu'il présente et qui sont reconnus par tous les minotiers, qui s'applaudissent de l'avoir introduit dans leurs usines, et par les praticiens qui l'ont vu fonctionner, sont les suivants :

1° Une facilité extrême de montage et de démontage, qui permet de changer toutes les tôles, en quelques instants, sans le secours d'un ouvrier spécial et par les soins seuls d'un garde-moulin.

2° Trois moyens différents de régler son action, soit en faisant varier la vitesse par un simple changement de poulie, soit en approchant ou en éloignant, par le jeu d'un simple écrou, les tôles mobiles des tôles fixes, soit, enfin, en remplaçant une partie des tôles-râpes par des tôles-lisses, ou par des tôles-râpes usées et mises de côté en vue de satisfaire à cette substitution, opération qui s'exécute promptement et sans la moindre difficulté.

3° Une action sur le grain tellement énergique et tellement facile à régler que le meunier ou le brasseur peut, à volonté, le nettoyer jusqu'à l'écorticage inclusivement, ou modérer le nettoyage jusqu'à ne produire qu'un simple époussetage, de sorte qu'il obtient le grain parfaitement démoucheté et aussi propre qu'il le désire; toutes les graminées, sans exception, peuvent être nettoyées avec cet appareil.

Pour le nettoyage de l'orge germée des brasseurs, de la fabrication de l'orge perlée, l'épurement du riz, du blé noir, de l'avoine pour la fabrication des gruaux, en général tout ce qui tient au nettoyage, décorticage et perlage des graminées, il suffit d'un appareil composé de plus ou moins de cônes, suivant le genre de travail que l'on veut obtenir. Le petit modèle convient pour le malt des brasseries.

4° L'un des plus précieux avantages de cet appareil tient à ce que le blé s'y trouve nettoyé par voie de projection, au lieu de l'être par friction. Par ce procédé, aucun grain n'échappe à l'action de l'instrument; car aussitôt qu'il y est introduit, il est soumis à un mouvement perpétuel qui le lance d'une rape à l'autre, jusqu'à ce qu'il ait détaillé tous les étages et qu'il soit expulsé. Et ce qu'il y a de très-remarquable, et qui tient à la forme conique des tôles, c'est que la déclivité retient le grain sur les tôles-râpes, parce qu'alors il est obligé de monter, tandis que cette même déclivité le précipite sur les tôles-lisses, parce que là il descend pour passer d'un étage à l'étage inférieur. En vertu de cette heureuse disposition, le grain se ralentit sur les tôles travailleuses, et ne perd pas de temps sur les tôles de transition; c'est ce qui explique la grande supériorité du rendement de l'appareil.

5° Jamais l'instrument ne s'engorge; la poussière n'y séjourne pas; elle est totalement entraînée avec le grain, sous l'action du ventilateur, qui achève la séparation. Tous les praticiens savent combien est pénible l'opération de dégager les nettoyeurs encombrés, sans compter que dans ce cas, qui se renouvelle trop souvent dans la plupart des nettoyeurs connus, le nettoyage est fort incomplet.

6° Le mode d'opérer par projection du grain, joint à l'extrême légèreté de la colonne mobile, procure un autre avantage bien précieux, c'est que la puissance dynamique, nécessaire pour la marche de l'instrument, est très-inférieure par rapport à celle qui fait mouvoir les autres systèmes de nettoyage; l'allure est si douce dans notre appareil, qu'il est inutile de fixer l'instrument aux charpentes de l'édifice, et qu'il ne leur communique aucune vibration, ce qui, comme on le voit, est loin d'avoir lieu avec les autres systèmes, qui ont l'inconvénient d'ébranler fortement les bâtiments ; simplement posé sur le plancher, notre appareil peut être soumis à l'action des courroies, sans qu'on ait même à craindre son déplacement ; joignez à cet avantage celui d'une réduction considérable de volume et la facilité de le placer dans un coin quelconque de la pièce qui doit le recevoir.

7° A égalité de diamètre, le rendement de notre système est presque quadruple de celui des autres nettoyages.

8° Une considération, à laquelle les minotiers devront attacher une grande importance, c'est qu'il est très-facile de substituer ma colonne mobile à la colonne des nettoyages verticaux existants, sans rien changer aux accessoires, et cela à peu de frais et de manière à jouir de toutes les qualités du système.

9° En résumé, mon appareil a l'avantage de coûter beaucoup moins que les autres systèmes, tout en faisant plus que tripler leur rendement, et tout en offrant, par sa simplicité et son peu de volume, plus de facilité d'entretien et plus de garantie de solidité ; je viens offrir à l'industrie quatre numéros de cet appareil, qui se construisent dans mes ateliers aux conditions indiquées dans le tableau suivant. Il résulte de ce tableau qu'en supposant un travail de douze heures par jour, les quatres numéros de mon nettoyage satisferont respectivement au service de 10, 8, 6 et 3 paires de meules.

Tableau du rendement et du prix du Nettoyage Fili.

NUMÉROS des APPAREILS.	DIAMÈTRE des COLONNES.	RENDEMENT DU GRAIN nettoyé par heure.	PRIX des NETTOYAGES FILI.	PRIX de substitution D'UNE COLONNE FILI à un nettoyage vertical.
1	0 m 80	1,200 kilog.	1,200 fr.	600 fr.
2	0 70	1,000	1,000	500
3	0 60	750	900	400
4	0 50	450	700	325

Messieurs, c'est avec la certitude acquise de la supériorité constatée dans le tableau ci-dessus, et en ne craignant pas de prendre l'engagement de réaliser ces résultats, que je viens, avec confiance, vous offrir un appareil qui résout, enfin, une question importante de la meunerie, pour laquelle on n'avait pu obtenir jusqu'à ce jour une entière satisfaction, à savoir : opérer le nettoyage du blé à peu de frais, vite et bien, avec aussi peu de puissance dynamique qu'il est permis de l'espérer.

On trouve, dans l'établissement, des cônes tout prêts à mettre en place.

Daignez agréer, Messieurs, mes salutations empressées,

FILI,

Constructeur-Mécanicien, rue de Gaillon, 7, Rennes.

Machine à mélanger le beurre et la terre pour les poteries, brevetée S. G. D. G. — Transmissions. — Tour, filetage, ajustage et réparations de machines à vapeur et autres.

Etant en rapport avec les meilleures maisons de construction de machines à vapeur de Paris, soit fixes ou locomobiles, à condensation ou sans condensation, cela me permet de les livrer dans de bonnes conditions.

Pompes d'épuisement. — Installation d'usines et de moulins. — Montage de meules d'un nouveau genre, commandées par courroies, et présentant une grande économie dans le montage des moulins, tout en conservant la solidité de construction désirable. — Scierie mécanique. — Machines à faire la brique.

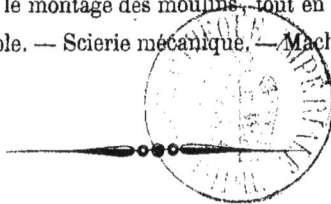

PRIX PERPÉTUEL DU PAIN

D'après le Poids naturel des Blés.

PRIX PERPÉTUEL DU PAIN

des 100 k. de pain de toutes fleurs, y compris 6 fr. par 100, pour frais de panification.

PRIX perpétuel des BLÉS par 100 k. brut.	Poids naturel de l'hect. de blé 65 k.		Poids naturel de l'hect. de blé 66 k.		Poids naturel de l'hect. de blé 67 k.		Poids naturel de l'hect. de blé 68 k.		Poids naturel de l'hect. de blé 69 k.	
	65 k. »»	65 k. 500	66 k. »»	66 k. 500	67 k. »»	67 k. 500	68 k. »»	68 k. 500	69 k. »»	69 k. 500
	125 k. »»	125 k. 500	126 k. »»	126 k. 500	127 k. »»	127 k. 500	128 k. »»	128 k. 500	129 k »»	129 k 500
fr. c.	fr. c.	fr. c.	fr. c.	fr. c.	fr. c.	fr. c.	fr. c.	fr. c.	fr. c.	fr. c.
16 »	24 80	24 60	24 50	24 »	24 20	24 10	24 »	23 80	23 70	23 50
16 50	25 40	25 20	25 10	24 55	24 75	24 65	24 55	24 35	24 25	24 05
17 »	26 »	25 75	25 65	25 15	25 35	25 25	25 10	24 90	24 80	24 60
17 50	26 55	26 35	26 25	25 70	25 90	25 80	25 70	25 45	25 35	25 15
18 »	27 15	26 95	26 80	26 30	26 50	26 35	26 25	26 05	25 90	25 70
18 50	27 75	27 50	27 40	26 85	27 05	26 95	26 80	26 60	26 45	26 25
19 »	28 35	28 10	28 »	27 45	27 65	27 50	27 35	27 15	27 »	26 80
19 50	28 90	28 70	28 55	28 »	28 20	28 05	27 95	27 70	27 60	27 35
20 »	29 50	29 25	29 15	28 60	28 80	28 65	28 50	28 25	28 15	27 90
20 50	30 10	29 85	29 70	29 15	29 35	29 20	29 05	28 80	28 70	28 45
21 »	30 70	30 45	30 30	29 75	29 90	29 75	29 60	29 40	29 25	29 »
21 50	31 25	31 »	30 90	30 30	30 50	30 35	30 20	29 95	29 80	29 55
22 »	31 85	31 60	31 45	30 90	31 05	30 90	30 75	30 50	30 35	30 10
22 50	32 45	32 20	32 05	31 45	31 65	31 45	31 30	31 05	30 90	30 70
23 »	33 05	32 80	32 60	32 05	32 20	32 »	31 85	31 60	31 45	31 25
23 50	33 60	33 35	33 20	32 60	32 80	32 60	32 45	32 15	32 »	31 80
24 »	34 20	33 95	33 80	33 20	33 35	33 15	33 »	32 75	32 55	32 35
24 50	34 80	34 55	34 35	33 75	33 90	33 70	33 55	33 30	33 10	32 90
25 »	35 40	35 10	34 95	34 35	34 50	34 30	34 10	33 85	33 65	33 45
25 50	35 95	35 70	35 50	34 90	35 05	34 85	34 70	34 40	34 25	34 »
26 »	36 55	36 30	36 10	35 50	35 65	35 40	35 25	34 95	34 80	34 55
26 50	37 15	36 85	36 70	36 05	36 20	36 »	35 80	35 50	35 35	35 10
27 »	37 75	37 45	37 25	36 65	36 80	36 55	36 35	36 10	35 90	35 65
27 50	38 30	38 05	37 85	37 20	37 35	37 10	36 95	36 65	36 45	36 20
28 »	38 90	38 60	38 40	37 80	37 95	37 70	37 50	37 20	37 »	36 75
28 50	39 50	39 20	39 »	38 35	38 50	38 25	38 05	37 75	37 55	37 30
Différ.	0 60	0 60	0 60	0 55	0 55	0 55	0 55	0 55	0 55	0 55

PRIX PERPÉTUEL DU PAIN

des 100 k. de pain de toutes fleurs, y compris 6 fr. par 100, pour frais de panification.

PRIX perpétuel des BLÉS par 100 k. brut.	Poids naturel de l'hect. de blé 65 k. rendement par %k. 65 k.»»»	65 k.500	Poids naturel de l'hect. de blé 66 k. rendement par %k. 66 k.»»»	66 k.500	Poids naturel de l'hect. de blé 67 k. rendement par %k. 67 k.»»»	67 k.500	Poids naturel de l'hect. de blé 68 k. rendement par %k. 68 k.»»»	68 k.500	Poids naturel de l'hect. de blé 69 k. rendement par %k. 69 k.»»»	69 k.500
	Rendement en pain par sac de 100 k. de farine. 125 k.»»»	125 k.500	Rendement en pain par sac de 100 k. de farine. 126 k.»»»	126 k.500	Rendement en pain par sac de 100 k. de farine. 127 k.»»»	127 k.500	Rendement en pain par sac de 100 k. de farine. 128 k.»»»	128 k.500	Rendement en pain par sac de 100 k. de farine. 129 k.»»»	129 k.500
	Prix des 100 k. de pain de toutes fleurs.	Prix des 100 k. de pain de toutes fleurs.	Prix des 100 k. de pain de toutes fleurs.	Prix des 100 k. de pain de toutes fleurs.	Prix des 100 k. de pain de toutes fleurs.	Prix des 100 k. de pain de toutes fleurs.	Prix des 100 k. de pain de toutes fleurs.	Prix des 100 k. de pain de toutes fleurs.	Prix des 100 k. de pain de toutes fleurs.	Prix des 100 k. de pain de toutes fleurs.
fr. c.	fr. c.	fr. c.	fr. c.	fr. c.	fr. c.	fr. c.	fr. c.	fr. c.	fr. c.	fr. c.
29 »	40 10	39 80	39 60	38 90	30 05	38 80	38 60	38 30	38 10	37 85
29 50	40 70	40 35	40 15	39 50	39 65	39 40	39 15	38 85	38 65	38 40
30 »	41 25	40 95	40 75	40 05	40 20	39 95	39 75	39 40	39 20	38 95
30 50	41 85	41 55	41 30	40 65	40 80	40 50	40 30	40 »	39 75	39 50
31 »	42 45	42 10	41 90	41 20	41 35	41 10	40 85	40 55	40 30	40 05
31 50	43 05	42 70	42 50	41 80	41 95	41 65	41 40	41 10	40 85	40 60
32 »	43 60	43 30	43 05	42 35	42 50	42 20	42 »	41 65	41 45	41 15
32 50	44 20	43 85	43 65	42 95	43 10	42 80	42 55	42 20	42 »	41 70
33 »	44 80	44 45	44 20	43 50	43 65	43 35	43 10	42 75	42 55	42 25
33 50	45 40	45 05	44 80	44 10	44 20	43 90	43 65	43 35	43 10	42 80
34 »	45 95	45 60	45 40	44 65	44 80	44 50	44 25	43 90	43 65	43 35
34 50	46 55	46 20	45 95	45 25	45 35	45 05	44 80	44 45	44 20	43 90
35 »	47 15	46 80	46 55	45 80	45 95	45 60	45 35	45 00	44 75	44 50
35 50	47 75	47 40	47 10	46 40	46 50	46 15	45 90	45 55	45 30	45 05
36 »	48 30	47 95	47 70	47 95	47 10	46 75	46 50	46 10	45 85	45 60
36 50	48 90	48 55	48 30	48 55	47 65	47 30	47 05	46 70	46 40	46 15
37 »	49 50	49 15	48 85	49 10	48 20	47 85	47 60	47 25	46 95	46 70
37 50	50 10	49 70	49 45	49 45	48 80	48 45	48 15	47 80	47 50	47 25
38 »	50 65	50 30	50 »	50 25	49 35	49 »	48 75	48 35	48 10	47 80
38 50	51 25	50 90	50 60	50 85	49 95	49 55	49 30	48 90	48 65	48 35
39 »	51 85	51 45	51 20	51 40	50 50	50 15	49 85	49 45	49 20	48 90
39 50	52 45	52 05	51 75	52 »	51 10	50 70	50 40	50 05	49 75	49 45
40 »	53 »	52 65	52 35	52 55	51 55	51 25	51 »	50 60	50 30	50 »
40 50	53 60	53 20	52 90	53 15	52 25	51 85	51 55	51 15	50 85	50 55
41 »	54 20	53 80	53 50	53 70	52 80	52 40	52 10	51 70	51 40	51 10
Différ.	0 60	0 60	0 60	0 55	0 55	0 55	0 55	0 55	0 55	0 55

PRIX PERPÉTUEL DU PAIN

des 100 k. de pain de toutes fleurs, y compris 6 fr. par 100, pour frais de panification.

PRIX perpétuel des BLÉS par 100 k. brut.	Poids naturel de l'hect. de blé 70 k. rendement par °/₀ k.		Poids naturel de l'hect. de blé 71 k. rendement par °/₀ k.		Poids naturel de l'hect. de blé 72 k rendement par °/₀ k.		Poids naturel de l'hect. de blé 73 k. rendement par °/₀ k.		Poids naturel de l'hect. de blé 74 k rendement par °/₀.	
	70 k. »»	70 k. 500	71 k. »»	71 k. 500	72 k. »»	72 k. 500	73 k. »»	73 k. 500	74 k. »»	74 k. 500
	Rendement en pain par sac de 100 k. de farine. 130 k. »»	130 k.500	Rendement en pain par sac de 100 k. de farine. 131 k. »»	131 k.500	Rendement en pain par sac de 100 k. de farine. 132 k. »»	132 k.500	Rendement en pain par sac de 100 k. de farine. 133 k. »»	133 k.500	Rendement en pain par sac de 100 k. de farine. 134 k. »»	134 k.500
fr. c.	Prix des 100 k. de pain de toutes fleurs. fr. c.	Prix des 100 k. de pain de toutes fleurs. fr. c.	Prix des 100 k. de pain de toutes fleurs. fr. c.	Prix des 100 k. de pain de toutes fleurs. fr. c.	Prix des 100 k. de pain de toutes fleurs. fr. c.	Prix des 100 k. de pain de toutes fleurs. fr. c.	Prix des 100 k. de pain de toutes fleurs. fr. c.	Prix des 100 k. de pain de toutes fleurs. fr. c.	Prix des 100 k. de pain de toutes fleurs. fr. c.	Prix des 100 k. de pain de toutes fleurs. fr. c.
16 »	23 40	23 30	23 20	23 »	22 90	22 70	22 60	22 50	22 30	22 20
16 50	23 95	23 85	23 75	23 55	23 45	23 25	23 10	23 »	22 80	22 70
17 »	24 50	24 40	24 25	24 05	23 95	23 75	23 65	23 55	23 35	23 20
17 50	25 05	24 95	24 80	24 60	24 50	24 30	24 15	24 05	23 85	23 70
18 »	25 60	25 45	25 35	25 15	25 »	24 80	24 70	24 55	24 35	24 25
18 50	26 15	26 »	25 90	25 65	25 55	25 35	25 20	25 10	24 85	24 75
19 »	26 70	26 55	26 40	26 20	26 05	25 85	25 75	25 60	25 40	25 25
19 50	27 20	27 10	26 95	26 75	26 60	26 40	26 25	26 10	25 90	25 75
20 »	27 75	27 65	27 50	27 25	27 10	26 90	26 80	26 65	26 40	26 25
20 50	28 30	28 20	28 »	27 80	27 65	27 45	27 30	27 15	26 95	26 75
21 »	28 85	28 70	28 55	28 35	28 20	27 95	27 80	27 65	27 45	27 30
21 50	29 40	29 25	29 10	28 85	28 70	28 50	28 35	28 20	27 95	27 80
22 »	29 95	29 80	29 65	29 40	29 25	29 »	28 85	28 70	28 45	28 30
22 50	30 50	30 35	30 15	29 95	29 75	29 55	29 40	29 20	29 »	28 80
23 50	31 05	30 90	30 70	30 50	30 30	30 05	29 90	29 70	29 50	29 30
24 »	31 60	31 45	31 25	31 »	30 80	30 60	30 45	30 20	30 00	29 80
24 50	32 15	31 95	31 80	31 55	31 35	31 10	30 95	30 75	30 50	30 35
25 »	32 70	32 50	32 30	32 10	31 90	31 65	31 45	31 25	31 05	30 85
25 50	33 25	33 05	32 85	32 60	32 40	32 15	32 »	31 80	31 55	31 35
26 »	33 75	33 60	33 40	33 15	32 95	32 70	32 50	32 30	32 05	31 85
26 50	34 30	34 15	33 90	33 70	33 45	33 20	33 05	32 80	32 60	32 35
27 »	34 85	34 70	34 45	34 20	34 »	33 75	33 55	33 35	33 10	32 85
27 »	35 40	35 20	35 »	34 75	34 50	34 25	34 10	33 85	33 60	33 40
27 50	35 95	35 75	35 55	35 30	35 05	34 80	34 60	34 35	34 10	33 90
28 »	36 50	36 30	36 05	35 80	35 55	35 30	35 15	34 90	34 65	34 40
28 50	37 05	36 85	36 60	36 35	36 10	35 85	35 65	35 40	35 15	34 90
Différ.	0 55	0 55	0 55	0 55	0 55	0 55	0 50	0 50	0 50	0 50

PRIX PERPETUEL DU PAIN

des 100 k. de pain de toutes fleurs, y compris 6 fr. par 100, pour frais de panification.

PRIX perpétuel des BLÉS par 100 k. brut.	Poids naturel de l'hect. de blé 70 k. rendement par %k.		Poids naturel de l'hect. de blé 71 k. rendement par %k.		Poids naturel de l'hect. de blé 72 k. rendement par %k.		Poids naturel de l'hect. de blé 73 k. rendement par %k.		Poids naturel de l'hect. de blé 74 k. rendement par %k.	
	70 k. »»	70 k. 500	71 k. »»	71 k. 500	72 k. »»	72 k. 500	73 k. »»	73 k. 500	74 k. »»	74 k. 500
	Rendement en pain par sac de 100 k. de farine.		Rendement en pain par sac de 100 k. de farine.		Rendement en pain par sac de 100 k. de farine.		Rendement en pain par sac de 100 k. de farine.		Rendement en pain par sac de 100 k. de farine.	
	130 k. »»	130 k. 500	131 k. »»	131 k. 500	132 k. »»	132 k. 500	133 k. »»	133 k. 500	134 k. »»	134 k. 500
	Prix des 100 k. de pain de toutes fleurs.	Prix des 100 k. de pain de toutes fleurs.	Prix des 100 k. de pain de toutes fleurs.	Prix des 100 k. de pain de toutes fleurs.	Prix des 100 k. de pain de toutes fleurs.	Prix des 100 k. de pain de toutes fleurs.	Prix des 100 k. de pain de toutes fleurs.	Prix des 100 k. de pain de toutes fleurs.	Prix des 100 k. de pain de toutes fleurs.	Prix des 100 k. de pain de toutes fleurs.
fr. c.	fr. c.	fr. c.	fr. c.	fr. c.	fr. c.	fr. c.	fr. c.	fr. c.	fr. c.	fr. c.
29 »	37 60	37 40	37 15	36 90	36 65	36 40	36 15	35 90	35 65	35 40
29 50	38 15	37 95	37 65	37 40	37 15	36 90	36 70	36 45	36 20	35 90
30 »	38 70	38 50	38 20	37 95	37 70	37 45	37 20	36 95	36 70	36 40
30 50	39 25	39 »	38 75	38 50	38 20	37 95	37 75	37 45	37 20	36 95
31 »	39 80	39 55	39 30	39 »	38 75	38 50	38 25	38 »	37 70	37 45
31 50	40 35	40 10	39 80	40 55	39 25	39 »	38 80	38 50	38 25	37 95
32 »	40 85	40 65	40 35	40 10	39 80	39 55	39 30	39 »	38 75	38 45
32 50	41 40	41 20	40 90	40 60	40 30	40 05	39 85	39 55	39 25	38 95
33 »	41 95	41 75	41 40	41 15	40 85	40 60	40 35	40 05	39 80	39 45
33 50	42 50	42 25	41 95	41 70	41 40	41 10	40 85	40 55	40 30	40 »
34 »	43 05	42 80	42 50	42 20	41 90	41 65	41 40	41 10	40 80	40 50
34 50	43 60	43 35	43 05	42 75	42 45	42 15	41 90	41 60	41 30	41 »
35 »	44 15	43 90	43 55	43 30	42 95	42 70	42 45	42 10	41 85	41 50
35 50	44 70	44 45	44 10	43 85	43 50	43 20	42 95	42 60	42 35	42 »
36 »	45 25	45 »	44 65	44 35	44 »	43 75	43 50	43 15	42 85	42 50
36 50	45 80	45 50	45 20	44 90	44 55	44 25	44 »	43 65	43 35	43 05
37 »	46 35	46 05	45 70	45 45	45 10	44 80	44 50	44 15	43 90	43 55
37 50	46 90	46 60	46 25	45 95	45 60	45 30	45 05	44 70	44 40	44 05
38 »	47 40	47 15	46 80	46 50	46 15	45 85	45 55	45 20	44 90	44 55
38 50	47 95	47 70	47 30	47 05	46 65	46 35	46 10	45 70	45 45	45 05
39 »	48 50	48 25	47 85	47 55	47 20	46 90	46 60	56 25	45 95	45 55
39 50	49 05	48 75	48 40	48 10	47 70	47 40	47 15	46 75	46 45	46 10
40 »	49 60	49 30	48 95	48 65	48 25	47 95	47 65	47 25	46 95	46 60
40 50	50 15	49 85	49 45	49 15	48 75	48 45	48 20	47 80	47 50	47 10
41 »	50 70	50 40	50 »	49 70	49 30	49 »	48 70	48 30	48 »	47 60
Différ.	0 55	0 55	0 55	0 55	0 55	0 55	0 50	0 50	0 50	0 50

PRIX PERPÉTUEL DU PAIN

des 100 k. de pain de toutes fleurs, y compris 6 fr. par 100, pour frais de panification.

PRIX perpétuel des BLÉS par 100 k. brut.	Poids naturel de l'hect. de blé 75 k. rendement par °/₀ k.		Poids naturel de l'hect. de blé 76 k. rendement par °/₀ k.		Poids naturel de l'hect. de blé 77 k. rendement par °/₀ k.		Poids naturel de l'hect. de blé 78 k. rendement par °/₀ k.		Poids naturel de l'hect. de blé 79 k. rendement par °/₀ k.	
	75 k. »» Rendement en pain par sac de 100 k. de farine. 135 k. »» Prix des 100 k. de pain de toutes fleurs.	75 k. 500 Rendement en pain par sac de 100 k. de farine. 135 k. 500 Prix des 100 k. de pain de toutes fleurs.	76 k. »» Rendement en pain par sac de 100 k. de farine. 136 k. »» Prix des 100 k. de pain de toutes fleurs.	76 k. 500 Rendement en pain par sac de 100 k. de farine. 136 k. 500 Prix des 100 k. de pain de toutes fleurs.	77 k. »» Rendement en pain par sac de 100 k. de farine. 137 k. »» Prix des 100 k. de pain de toutes fleurs.	77 k. 500 Rendement en pain par sac de 100 k. de farine. 137 k. 500 Prix des 100 k. de pain de toutes fleurs.	78 k. »» Rendement en pain par sac de 100 k. de farine. 138 k. »» Prix des 100 k. de pain de toutes fleurs.	78 k. 500 Rendement en pain par sac de 100 k. de farine. 138 k. 500 Prix des 100 k. de pain de toutes fleurs.	79 k. »» Rendement en pain par sac de 100 k. de farine. 139 k. »» Prix des 100 k. de pain de toutes fleurs.	79 k. 500 Rendement en pain par sac de 100 k. de farine. 139 k. 500 Prix des 100 k. de pain de toutes fleurs.
fr. c.	fr. c.	fr. c.	fr. c.	fr. c.	fr. c.	fr. c.	fr. c.	fr. c.	fr. c.	fr. c.
16 »	22 10	22 »	21 80	21 70	21 50	21 40	21 30	21 10	21 »	20 90
16 50	22 60	22 50	22 30	22 20	22 »	21 90	21 80	21 60	21 45	21 35
17 »	23 10	23 »	22 80	22 70	22 50	22 35	22 25	22 05	21 95	21 85
17 50	23 60	23 50	23 30	23 20	23 »	22 95	22 75	22 55	22 40	22 30
18 »	24 10	24 »	23 80	23 65	23 45	23 35	23 20	23 »	22 90	22 75
18 50	24 60	24 50	24 30	24 15	23 95	23 80	23 70	23 50	23 35	23 25
19 »	25 10	25 »	24 80	24 65	24 45	24 30	24 15	23 95	23 80	23 70
19 50	25 65	25 50	25 25	25 15	24 90	24 80	24 65	24 45	24 30	24 15
20 »	26 15	26 »	25 75	25 65	25 40	25 25	25 10	24 90	24 75	24 65
20 50	26 65	26 50	26 25	26 15	25 90	25 75	25 60	25 40	25 25	25 10
21 »	27 15	27 »	26 75	26 60	26 40	26 25	26 10	25 85	25 70	25 55
21 50	27 65	27 50	27 25	27 10	26 85	26 70	26 55	26 35	26 15	26 05
22 »	28 15	28 »	27 75	27 60	27 35	27 20	27 05	26 80	26 65	26 50
22 50	28 65	28 50	28 25	28 10	27 85	27 70	27 50	27 30	27 10	26 95
23 »	29 15	29 »	28 75	28 60	28 35	28 20	28 »	27 75	27 60	27 40
23 50	29 65	29 50	29 25	29 10	28 80	28 65	28 45	28 25	28 05	27 90
24 »	30 15	30 »	29 75	29 55	29 30	29 15	28 95	28 70	28 50	28 35
24 50	30 65	30 50	30 25	30 05	29 80	29 65	29 45	29 20	29 »	28 80
25 »	31 15	31 »	30 75	30 55	30 30	30 10	29 90	29 65	29 45	29 30
25 50	31 70	31 50	31 20	31 05	30 75	30 60	30 40	30 15	29 95	29 75
26 »	32 20	32 »	31 70	31 55	31 25	31 10	30 85	30 60	30 40	30 20
26 50	32 70	32 50	32 20	32 05	31 75	31 55	31 35	31 10	30 85	30 70
27 »	33 20	33 »	32 70	32 50	32 25	32 05	31 80	31 55	31 35	31 15
27 50	33 70	33 50	33 20	33 »	32 70	32 55	32 30	32 05	31 80	31 60
28 »	34 20	34 »	33 70	33 50	33 20	33 »	32 75	32 50	32 30	32 10
28 50	34 70	34 50	34 20	34 »	33 70	33 50	33 25	33 »	32 75	32 55
Différ.	0 50	0 50	0 50	0 50	0 50	0 50	0 50	0 50	0 45	0 45

PRIX PERPÉTUEL DU PAIN

des 100 k. de pain de toutes fleurs, y compris 6 fr. par 100, pour frais de panification.

PRIX perpétuel des BLÉS par 100 k. brut.	Poids naturel de l'hect. de blé 75 k. rendement par %k. 75 k.»»	75 k.500	Poids naturel de l'hect. de blé 76 k. rendement par %k. 76 k.»»	76 k.500	Poids naturel de l'hect. de blé 77 k. rendement par %k. 77 k.»»	77 k.500	Poids naturel de l'hect. de blé 78 k. rendement par %k. 78 k.»»	78 k.500	Poids naturel de l'hect. de blé 79 k. rendement par %k. 79 k.»»	79 k.500
	Rendement en pain par sac de 100 k. de farine. 135 k.»»	135 k.500	Rendement en pain par sac de 100 k. de farine. 136 k.»»	136 k.500	Rendement en pain par sac de 100 k. de farine. 137 k.»»	137 k.500	Rendement en pain par sac de 100 k. de farine. 138 k.»»	138 k.500	Rendement en pain par sac de 100 k. de farine. 139 k.»»	139 k.500
	Prix des 100 k. de pain de toutes fleurs.	Prix des 100 k. de pain de toutes fleurs.	Prix des 100 k. de pain de toutes fleurs.	Prix des 100 k. de pain de toutes fleurs.	Prix des 100 k. de pain de toutes fleurs.	Prix des 100 k. de pain de toutes fleurs.	Prix des 100 k. de pain de toutes fleurs.	Prix des 100 k. de pain de toutes fleurs.	Prix des 100 k. de pain de toutes fleurs.	Prix des 100 k. de pain de toutes fleurs.
fr. c.	fr. c.	fr. c.	fr. c.	fr. c.	fr. c.	fr. c.	fr. c.	fr. c.	fr. c.	fr. c.
29 »	35 20	35 »	34 70	34 50	34 20	34 »	33 75	33 50	33 20	33 »
29 50	35 70	35 50	35 20	35 »	34 70	34 45	34 20	33 95	33 70	33 50
30 »	36 20	36 »	35 70	35 50	35 15	34 95	34 70	34 45	34 15	33 95
30 50	36 70	36 50	36 20	35 95	35 65	35 45	35 15	34 90	34 65	34 40
31 »	37 20	37 »	36 70	36 45	36 15	35 90	35 65	35 40	35 10	34 90
31 50	37 70	37 50	37 20	36 95	36 65	36 40	36 10	35 85	35 55	35 35
32 »	38 25	38 »	37 65	37 45	37 10	36 90	36 60	36 35	36 05	35 80
32 50	38 75	38 50	38 15	37 95	37 60	37 35	37 05	36 80	36 50	36 30
33 »	39 25	39 »	38 65	38 45	38 10	37 85	37 55	37 30	37 »	36 75
33 50	39 75	39 50	39 15	38 90	38 60	38 35	38 05	37 75	37 45	37 20
34 »	40 25	40 »	39 65	39 40	39 05	38 80	38 50	38 25	37 90	37 70
34 50	40 75	40 50	40 15	39 90	39 55	39 30	39 »	38 70	38 40	38 15
35 »	41 25	41 »	40 65	40 40	40 05	39 80	39 45	39 20	38 85	38 60
35 50	41 75	41 50	41 15	40 90	40 55	40 30	39 95	39 65	39 35	39 05
36 »	42 25	42 »	41 65	41 40	41 »	40 75	40 40	40 15	39 80	39 55
36 50	42 75	42 50	42 15	41 85	41 50	41 25	40 90	40 60	40 25	40 »
37 »	43 25	43 »	42 65	42 35	42 »	41 75	41 40	41 10	40 75	40 45
37 50	43 75	43 50	43 15	42 85	42 50	42 20	41 85	41 55	41 20	40 95
38 »	44 30	44 »	43 60	43 35	42 95	42 70	42 35	42 05	41 70	41 40
38 50	44 80	44 50	44 10	43 85	43 45	43 20	42 80	42 50	42 15	41 85
39 »	45 30	45 »	44 60	44 35	43 95	43 65	43 30	43 »	42 60	42 35
39 50	45 80	45 50	45 10	44 80	44 45	44 15	43 75	43 45	43 10	42 80
40 »	46 30	46 »	45 60	45 30	44 90	44 65	44 25	43 95	43 55	43 25
40 50	46 80	46 50	46 10	45 80	45 40	45 10	44 70	44 40	44 05	43 75
41 »	47 30	47 »	46 60	46 30	45 90	45 60	45 20	44 90	44 50	44 20
Différ.	0 50	0 50	0 50	0 50	0 50	0 50	0 50	0 50	0 45	0 45

PRIX PERPÉTUEL DU PAIN

des 100 k. de pain de toutes fleurs, y compris 6 fr. par 100, pour frais de panification.

PRIX perpétuel des BLÉS par 100 k. brut.	Poids naturel de l'hect. de blé 80 k. rendement par °/₀ k 80 k. »» — Rendement en pain par sac de 100 k. de farine. 140 k. »» — Prix des 100 k. de pain de toutes fleurs.		Poids naturel de l'hect. de blé 81 k. rendement par °/₀ k. 81 k. »» — 81 k. 500 — Rendement en pain par sac de 100 k. de farine. 141 k. »» — 141 k. 500 — Prix des 100 k. de pain de toutes fleurs.		Poids naturel de l'hect. de blé 82 k. rendement par °/₀ k. 82 k »» — 82 k. 500 — Rendement en pain par sac de 100 k. de farine. 142 k. »» — 142 k. 500 — Prix des 100 k. de pain de toutes fleurs.		Poids naturel de l'hect. de blé 83 k. rendement par °/₀ k. 83 k. »» — 83 k. 500 — Rendement en pain par sac de 100 k. de farine. 143 k. »» — 143 k. 500 — Prix des 100 k. de pain de toutes fleurs.		Poids naturel de l'hect. de blé 84 k. rendement par °/₀ k 84 k. »» — 84 k. 500 — Rendement en pain par sac de 100 k. de farine. 144 k. »» — 144 k. 500 — Prix des 100 k. de pain de toutes fleurs.	
fr. c.	**fr. c.**	**fr. c.**	**fr. c.**	**fr. c.**	**fr. c.**	**fr. c.**	**fr. c.**	**fr. c.**	**fr. c.**	**fr. c.**
16 »	20 80	20 60	20 50	20 40	20 20	20 10	20 »	19 80	19 70	19 60
16 50	21 25	21 05	20 95	20 85	20 65	20 55	20 45	20 25	20 15	20 »
17 »	21 70	21 50	21 40	21 30	21 10	21 »	20 85	20 65	20 55	20 45
17 50	22 20	21 95	21 85	21 75	21 55	21 40	21 30	21 10	21 »	20 85
18 »	22 65	22 45	22 30	22 20	22 »	21 85	21 75	21 55	21 40	21 30
18 50	23 10	22 90	22 75	22 65	22 45	22 30	22 20	21 95	21 85	21 70
19 »	23 55	23 35	23 20	23 10	22 90	22 75	22 60	22 40	22 25	22 15
19 50	24 05	23 80	23 70	23 55	23 30	23 20	23 05	22 80	22 70	22 55
20 »	24 50	24 25	24 15	24 »	23 75	23 60	23 50	23 25	23 10	23 »
20 50	24 95	24 70	24 60	24 45	24 20	24 05	23 90	23 70	23 55	23 40
21 »	25 40	25 20	25 05	24 90	24 65	24 50	24 35	24 10	24 »	23 85
21 50	25 90	25 65	25 50	25 35	25 10	24 95	24 80	24 55	24 40	24 25
22 »	26 35	26 10	25 95	25 80	25 55	25 40	25 25	25 »	24 85	24 70
22 50	26 80	26 55	16 40	26 20	26 »	25 80	25 65	25 40	25 25	25 10
23 »	27 25	27 »	26 85	26 65	26 45	26 25	26 10	25 85	25 70	25 55
23 50	27 75	27 45	27 30	27 10	26 90	26 70	26 55	26 30	26 10	25 95
24 »	28 20	27 95	27 75	27 55	27 35	27 15	27 »	26 70	26 55	26 40
24 50	28 65	28 40	28 20	28 »	27 80	27 60	27 40	27 15	27 »	26 80
25 »	29 10	28 85	28 65	28 45	28 25	28 »	27 85	27 60	27 40	27 25
25 50	29 60	29 30	29 15	28 90	28 65	28 45	28 30	28 »	27 85	27 65
26 »	30 05	29 75	29 60	29 35	29 10	28 90	28 70	28 45	28 25	28 10
26 50	30 50	30 20	30 05	29 80	29 55	29 35	29 15	28 85	28 70	28 50
27 »	30 95	30 70	30 50	30 25	30 »	29 80	29 60	29 30	29 10	28 95
27 50	31 45	31 15	30 95	30 70	30 45	30 20	30 05	29 75	29 55	29 35
28 »	31 90	31 60	31 40	31 15	30 90	30 65	30 45	30 15	29 95	29 80
28 50	32 95	32 05	31 85	31 60	31 35	34 10	30 90	30 60	30 40	30 20
Différ.	0 45	0 45	0 45	0 45	0 45	0 45	0 45	0 45	0 45	0 40

des 100 k. de pain de toutes fleurs, y compris 6 fr. par 100, pour frais de panification.

PRIX perpétuel des BLÉS par 100 k. brut.	Poids naturel de l'hect. de blé 80 k. rendement par °/₀ k. 80 k. »»	80 k. 500	Poids naturel de l'hect. de blé 81 k. rendement par °/₀ k. 81 k. »»	81 k. 500	Poids naturel de l'hect. de blé 82 k. rendement par °/₀ k. 82 k. »»	82 k. 500	Poids naturel de l'hect. de blé 83 k. rendement par °/₀ k. 83 k. »»	83 k. 500	Poids naturel de l'hect. de blé 84 k. rendement par °/₀ k. 84 k. »»	84 k. 500
	Rendement en pain par sac de 100 k. de farine. 140 k. »»	140 k.500	141 k. »»	141 k.500	142 k. »»	142 k.500	143 k. »»	143 k.500	144 k. »»	144 k.500
	Prix des 100 k. de pain de toutes fleurs.	Prix des 100 k. de pain de toutes fleurs.	Prix	Prix	Prix	Prix	Prix	Prix	Prix	Prix
fr. c.	fr. c.	fr. c.	fr. c.	fr. c.	fr. c.	fr. c.	fr. c.	fr. c.	fr. c.	fr. c.
29 »	32 80	32 50	32 30	32 05	31 80	31 55	31 35	31 05	30 85	30 60
29 50	33 25	32 95	32 75	32 50	32 25	32 »	31 75	31 45	31 25	31 05
30 »	33 75	33 40	33 20	32 95	32 70	32 40	32 20	31 00	31 70	31 45
30 50	34 20	33 90	33 65	33 40	33 15	32 85	32 65	32 35	32 10	31 90
31 »	34 65	34 35	34 10	33 85	33 60	33 30	33 10	32 75	32 55	32 30
31 50	35 10	34 80	34 55	34 30	34 05	33 75	33 50	33 20	32 95	32 75
32 »	35 60	35 25	35 05	34 75	34 45	34 20	33 95	33 60	33 40	33 15
32 50	36 05	35 70	35 50	35 20	34 90	34 60	34 40	34 05	33 80	33 60
33 »	36 50	36 15	35 95	35 65	35 35	35 05	34 80	34 50	34 25	34 »
33 50	36 95	36 65	36 40	36 10	35 80	35 50	35 25	34 90	34 70	34 45
34 »	37 45	37 10	36 85	36 55	36 25	35 95	35 70	35 35	35 10	34 85
34 50	37 90	37 55	37 30	37 »	36 70	36 40	36 15	35 80	35 55	35 30
35 »	38 35	38 »	37 75	37 40	37 15	36 80	36 55	36 20	35 95	35 70
35 50	38 80	38 45	38 20	37 85	37 60	37 25	37 »	36 65	36 40	36 15
36 »	39 30	38 90	38 65	38 30	38 05	37 70	37 45	37 10	36 80	36 55
36 50	39 75	39 40	39 10	38 75	38 50	38 15	37 90	37 50	37 25	37 »
37 »	40 20	39 85	39 55	39 20	38 95	38 60	38 30	37 95	37 70	37 40
37 50	40 65	40 30	40 »	39 65	39 40	39 »	38 75	38 40	38 10	37 85
38 »	41 15	40 75	40 50	40 10	39 80	39 45	39 20	38 80	38 55	38 25
38 50	41 60	41 20	40 95	40 55	40 25	39 90	39 60	39 25	38 95	38 70
39 »	42 05	41 65	41 40	41 »	40 70	40 35	40 05	39 65	39 40	39 10
39 50	42 50	42 15	41 85	41 45	41 15	40 80	40 50	40 10	39 80	39 55
40 »	43 »	42 60	42 30	41 90	41 60	41 20	40 95	40 55	40 25	39 95
40 50	43 45	43 05	42 75	42 35	42 05	41 65	41 35	40 95	40 65	40 40
41 »	43 90	43 50	43 20	42 80	42 50	42 10	41 80	41 40	41 10	40 80
Différ.	0 45	0 45	0 45	0 45	0 45	0 45	0 45	0 45	0 45	0 40

PRIX PERPÉTUEL DU PAIN

Prix du Pain provenant de 100 kilos de toutes farines.

PRIX perpétuel des BLÉS par 100 k. brut.	Poids naturel de l'hect. de blé 65 k. rendement par %, k. 65 k. »»	65 k. 500	Poids naturel de l'hect. de blé 66 k. rendement par %, k. 66 k. »»	66 k. 500	Poids naturel de l'hect. de blé 67 k. rendement par %, k. 67 k. »»	67 k. 500	Poids naturel de l'hect. de blé 68 k rendement par %, k 68 k. »»	68 k. 500	Poids naturel de l'hect. de blé 69 k. rendement par %, k. 69 k. »»	69 k. 500
	Rendement en pain par sac de 100 k. de farine. 125 k. »» Prix du pain produit par 100 k. de farine.	125 k.500 Prix du pain produit par 100 k. de farine.	Rendement en pain par sac de 100 k. de farine. 126 k. »» Prix du pain produit par 100 k. de farine.	126 k.500 Prix du pain produit par 100 k. de farine.	Rendement en pain par sac de 100 k. de farine. 127 k. »» Prix du pain produit par 100 k. de farine.	127 k.500 Prix du pain produit par 100 k. de farine.	Rendement en pain par sac de 100 k. de farine. 128 k »» Prix du pain produit par 100 k. de farine.	128 k.500 Prix du pain produit par 100 k. de farine.	Rendement en pain par sac de 100 k. de farine. 120 k »» Prix du pain produit par 100 k. de farine.	129 k 500 Prix du pain produit par 100 k. de farine.
fr. c.	fr. c.	fr. c.	fr. c.	fr c.	fr. c.	fr. c.	fr. c	fr. c.	fr. c.	fr. c.
16 »	31 »	30 80	30 60	30 50	30 30	30 10	30 »	29 80	29 60	29 40
16 50	31 95	31 75	31 55	31 45	31 20	31 »	30 90	30 70	30 50	30 30
17 »	32 90	32 70	32 50	32 35	32 15	31 95	31 80	31 60	31 40	31 20
17 50	33 85	33 65	33 40	33 30	33 05	32 85	32 75	32 50	32 30	32 10
18 »	34 80	34 60	34 35	34 20	34 »	33 75	33 65	33 40		32 95
18 50	35 75	35 50	35 30	35 15	34 90	34 70	34 55	34 30	33 20	33 85
19 »	36 70	36 45	36 25	36 10	35 85	35 60	35 45	35 20	34 10	34 75
19 50	37 65	37 40	37 15	37 »	36 75	36 55	36 35	36 15	35 »	35 65
20 »	38 60	38 35	38 10	37 95	37 70	37 45	37 30	37 05	35 90	36 55
20 50	39 55	39 30	39 05	38 85	38 60	38 35	38 20	37 95	36 80	37 45
21 »	40 50	40 25	40 »	39 80	39 55	39 30	39 10	38 85	37 70	38 30
21 50	41 45	41 20	40 90	40 75	40 45	40 20	40 »	39 75	38 60	39 20
22 »	42 40	42 15	41 25	41 65	41 40	41 10	40 90	40 65	39 50	40 10
22 50	43 35	43 05	42 80	42 60	42 30	42 05	41 85	41 55	40 40	41 »
23 »	44 30	44 »	43 75	43 50	43 25	42 95	42 75	42 45	41 25	41 90
23 50	45 25	44 95	44 65	44 45	44 15	43 85	43 65	43 35	42 15	42 80
24 »	46 20	45 90	45 60	45 40	45 10	44 80	44 55	44 25	43 95	43 65
24 50	47 15	46 85	46 55	46 30	46 »	45 70	45 45	45 15	44 85	44 55
25 »	48 10	47 80	47 50	47 25	46 95	46 60	46 40	46 05	45 75	45 45
25 50	49 05	48 75	48 40	48 15	47 85	47 55	47 30	47 »	46 65	46 35
26 »	50 »	49 70	49 35	49 10	48 80	48 45	48 20	47 90	47 55	47 25
26 50	50 95	50 60	50 30	50 05	49 70	49 40	49 10	48 80	48 45	48 15
27 »	51 90	51 55	51 25	50 95	50 65	50 30	50 »	49 70	49 35	49 »
27 50	52 85	52 50	52 15	51 90	51 55	51 20	50 95	50 60	50 25	49 90
28 »	53 80	53 45	53 10	52 80	52 50	52 15	51 85	51 50	51 15	50 80
28 50	54 75	54 40	54 05	53 75	53 40	53 05	52 75	52 40	52 05	51 70
Differ.	0 95	0 95	0 95	0 95	0 90	0 90	0 90	0 90	0 90	0 90

Prix du Pain provenant de 100 kilos de toutes farines.

PRIX perpétuel des BLÉS par 100 k. brut.	Poids naturel de l'hect. de blé 65 k. rendement par °/₀ k. 65 k.»» / 65 k.500 — Rendement en pain par sac de 100 k. de farine. 125 k.»»		Poids naturel de l'hect. de blé 66 k. rendement par °/₀ k. 66 k.»» / 66 k.500 — Rendement en pain par sac de 100 k. de farine. 126 k.»»		Poids naturel de l'hect. de blé 67 k. rendement par °/₀ k. 67 k.»» / 67 k.500 — Rendement en pain par sac de 100 k. de farine. 127 k.»»		Poids naturel de l'hect. de blé 68 k. rendement par °/₀ k. 68 k.»» / 68 k.500 — Rendement en pain par sac de 100 k. de farine. 128 k.»»		Poids naturel de l'hect. de blé 69 k. rendement par °/₀ k. 69 k.»» / 69 k.500 — Rendement en pain par sac de 100 k. de farine. 129 k.»»	
	Prix du pain produit par 100 k. de farine.	Prix du pain produit par 100 k. de farine.	Prix du pain produit par 100 k. de farine.	Prix du pain produit par 100 k. de farine.	Prix du pain produit par 100 k. de farine.	Prix du pain produit par 100 k. de farine.	Prix du pain produit par 100 k. de farine.	Prix du pain produit par 100 k. de farine.	Prix du pain produit par 100 k. de farine.	Prix du pain produit par 100 k. de farine.
fr. c.	fr. c.	fr. c.	fr. c.	fr. c.	fr. c.	fr. c.	fr. c.	fr. c.	fr. c.	fr. c.
29 »	55 70	55 35	55 »	54 70	54 30	53 95	53 65	53 30	52 95	52 60
29 50	56 65	56 30	55 95	55 60	55 25	54 90	54 55	54 20	53 85	53 50
30 »	57 60	57 25	56 85	56 55	56 15	55 80	55 50	55 10	54 75	54 40
30 50	58 55	58 20	57 80	57 45	57 10	56 70	56 40	56 »	55 65	55 25
31 »	59 50	59 10	58 75	58 40	58 »	57 65	57 30	56 90	56 55	56 15
31 50	60 45	60 05	59 70	59 35	58 95	58 55	58 20	57 80	57 45	57 05
32 »	61 40	61 »	60 60	60 25	59 85	59 50	59 10	58 75	58 35	57 95
32 50	62 35	61 95	61 55	61 20	60 80	60 40	60 05	59 65	59 25	58 85
33 »	63 30	62 90	62 50	62 10	61 70	61 30	60 95	60 55	60 15	59 95
33 50	64 25	63 85	63 45	63 05	62 65	62 25	61 85	61 45	61 95	60 60
34 »	65 20	64 80	64 35	64 »	63 55	63 15	62 75	62 35	62 85	61 50
34 50	66 15	65 75	65 30	64 90	64 50	64 05	63 65	63 25	63 70	62 40
35 »	67 10	66 65	66 25	65 85	65 40	65 »	64 60	64 15	64 60	63 30
35 50	68 05	67 60	67 20	66 75	66 35	65 90	65 50	65 05	65 50	64 20
36 »	69 »	68 55	68 10	67 70	67 25	66 80	66 40	65 95	66 40	65 10
36 50	69 95	69 50	69 05	68 65	68 20	67 75	67 30	66 85	67 30	65 95
37 »	70 90	70 45	70 »	69 55	69 10	68 65	68 20	67 75	68 20	66 85
37 50	71 85	71 40	70 95	70 50	70 05	69 55	69 15	68 65	69 10	67 75
38 »	72 80	72 35	71 85	71 40	70 95	70 50	70 05	69 60	70 »	68 65
38 50	73 75	73 30	72 80	72 35	71 90	71 40	70 95	70 50	70 90	69 55
39 »	74 70	74 20	73 75	73 30	72 80	72 35	71 85	71 40	71 80	70 45
39 50	75 65	75 15	74 70	74 21	73 75	73 25	72 75	72 30	72 70	71 30
40 »	76 60	76 10	75 60	75 15	74 65	74 15	73 70	73 20	73 60	72 20
40 50	77 55	77 05	76 55	76 05	75 60	75 10	74 60	74 15	74 50	73 10
41 »	78 50	78 »	77 50	77 »	76 50	76 »	75 50	75 »	75 40	74 »
Différ.	0 95	0 95	0 95	0 95	0 90	0 90	0 90	0 90	0 90	0 00

PRIX PERPÉTUEL DU PAIN

Prix du Pain provenant de 100 kilos de toutes farines.

PRIX perpétuel des BLÉS par 100 k. brut.	Poids naturel de l'hect. de blé 70 k. rendement par °/o k.		Poids naturel de l'hect. de blé 71 k. rendement par °/o k.		Poids naturel de l'hect. de blé 72 k. rendement par °/o k.		Poids naturel de l'hect. de blé 73 k. rendement par °/o k.		Poids naturel de l'hect. de blé 74 k. rendement par °/o.	
	70 k. »»	70 k. 500	71 k. »»	71 k. 500	72 k. »»	72 k. 500	73 k. »»	73 k. 500	74 k. »»	74 k. 500
	Rendement en pain par sac de 100 k. de farine. 130 k. »»	130 k. 500	Rendement en pain par sac de 100 k. de farine. 131 k. »»	131 k. 500	Rendement en pain par sac de 100 k. de farine. 132 k. »»	132 k. 500	Rendement en pain par sac de 100 k. de farine. 133 k. »»	133 k. 500	Rendement en pain par sac de 100 k. de farine. 134 k. »»	134 k. 50(
	Prix du pain produit par 100 k. de farine.	Prix du pain produit par 100 k. de farine.	Prix du pain produit par 100 k. de farine.	Prix du pain produit par 100 k. de farine.	Prix du pain produit par 100 k. de farine.	Prix du pain produit par 100 k. de farine.	Prix du pain produit par 100 k. de farine.	Prix du pain produit par 100 k. de farine.	Prix du pain produit par 100 k. de farine.	Prix du pain produit par 100 k. de farine.
fr. c.	fr. c.	fr. c.	fr. c.	fr. c.	fr. c.	fr. c.	fr. c.	fr. c.	fr. c.	fr. c.
16 »	29 30	29 20	29 00	28 80	28 60	28 40	28 30	28 10	28 00	27 80
16 50	30 20	30 10	29 85	29 65	29 45	29 25	29 15	28 95	28 85	28 60
17 »	31 05	30 95	30 75	30 55	30 25	30 10	30 »	29 80	29 65	29 45
17 50	31 95	31 85	31 60	31 40	31 15	30 95	30 85	30 60	30 50	30 25
18 »	32 85	32 70	32 50	32 25	32 05	31 80	31 70	31 45	31 30	31 10
18 50	33 70	33 60	33 35	33 10	32 90	32 65	32 50	32 30	32 15	31 90
19 »	34 60	34 45	34 20	34 »	33 75	33 50	33 35	33 15	33 00	32 75
19 50	35 50	35 35	35 10	34 85	34 60	34 35	34 20	33 95	33 80	33 55
20 »	36 35	36 20	35 95	35 70	35 45	35 20	35 05	34 80	34 65	34 40
20 50	37 25	37 10	36 85	36 60	36 30	36 05	35 90	35 65	35 45	35 20
21 »	38 15	37 95	37 70	37 45	37 20	36 90	36 75	36 50	36 30	36 05
21 50	39 »	38 85	38 55	38 30	38 05	37 75	37 60	37 30	37 15	36 85
22 »	39 90	39 70	39 45	39 15	38 90	38 60	38 45	38 15	37 95	37 70
22 50	40 80	40 60	40 30	40 05	39 75	39 50	39 25	39 »	38 80	38 50
23 »	41 70	41 45	41 20	40 90	40 60	40 35	40 10	39 85	39 60	39 35
23 50	42 55	42 35	42 05	41 75	41 45	41 20	40 95	40 65	40 45	40 15
24 »	43 45	43 20	42 90	42 60	42 35	42 05	41 80	41 .80	41 30	41 80
24 50	44 35	44 10	43 80	43 50	43 20	42 90	42 65	42 35	42 10	42 65
25 »	45 20	44 95	44 65	44 35	44 05	43 75	43 50	43 20	42 95	43 45
25 50	46 10	45 85	45 55	45 20	44 90	44 60	44 35	44 »	43 75	44 30
26 »	47 00	46 70	46 40	46 »	45 75	45 45	45 20	44 85	44 60	45 10
26 50	47 85	47 60	47 25	46 95	46 60	46 30	46 »	45 70	45 45	45 95
27 »	48 75	48 45	48 15	47 80	47 50	47 15	46 85	46 55	46 25	46 75
27 50	49 65	49 35	49 »	48 65	48 35	48 »	47 70	47 35	47 10	47 60
28 »	50 50	50 20	49 90	49 55	49 20	48 85	48 55	48 20	47 90	48 40
28 50	51 40	51 10	50 75	50 40	50 05	49 70	49 40	49 05	48 75	49 40
Différ.	0 90	0 90	0 85	0 85	0 85	0 85	0 85	0 85	0 85	0 80

Prix du Pain provenant de 100 kilos de toutes farines.

PRIX perpétuel des BLÉS par 100 k. brut.	Poids naturel de l'hect. de blé 70 k.		Poids naturel de l'hect. de blé 71 k.		Poids naturel de l'hect. de blé 72 k.		Poids naturel de l'hect. de blé 73 k.		Poids naturel de l'hect. de blé 74 k.	
	70 k. »»	70 k. 500	71 k. »»	71 k. 500	72 k. »»	72 k. 500	73 k. »»	73 k. 500	74 k. »»	74 k. 500
	130 k. »»	130 k. 500	131 k. »»	131 k. 500	132 k. »»	132 k. 500	133 k. »»	133 k. 500	134 k. »»	134 k. 500
fr. c.	fr. c.	fr. c.	fr. c.	fr. c.	fr. c.	fr. c.	fr. c.	fr. c.	fr. c.	fr. c.
29 »	52 30	52 »	51 60	51 25	50 90	50 55	50 25	49 90	49 60	49 20
29 50	53 15	52 85	52 50	52 15	51 75	51 40	51 10	50 75	50 40	50 05
30 »	54 05	53 75	53 35	53 »	52 60	52 25	51 95	51 55	51 25	50 85
30 50	54 95	54 60	54 25	53 85	53 50	53 10	52 80	52 40	52 05	51 70
31 »	55 80	55 50	55 10	54 70	54 35	53 95	53 60	53 25	52 90	52 50
31 50	56 70	56 35	55 95	55 60	55 20	54 80	54 45	54 10	53 75	53 35
32 »	57 60	57 25	56 85	56 45	56 05	55 65	55 30	54 90	54 55	54 15
32 50	58 45	58 10	57 70	57 30	56 90	56 50	56 15	55 75	55 40	55 »
33 »	59 35	59 »	58 60	58 20	57 75	57 35	57 »	56 60	56 20	55 80
33 50	60 25	59 85	59 45	59 05	58 65	58 20	57 85	57 45	57 05	56 65
34 »	61 10	60 75	60 30	59 90	59 50	59 05	58 70	58 25	57 90	57 45
34 50	62 »	61 60	61 20	60 75	60 35	59 90	59 55	59 10	58 70	58 30
35 »	62 90	62 50	62 05	61 65	61 20	60 80	60 35	59 95	59 55	59 10
35 50	63 80	63 35	62 95	62 50	62 05	61 65	61 20	60 80	60 35	59 95
36 »	64 65	64 25	63 80	63 35	62 90	62 50	62 05	61 60	61 20	60 75
36 50	65 55	65 10	64 65	64 20	63 80	63 35	62 90	62 45	62 05	61 60
37 »	66 45	66 »	65 55	65 10	64 65	64 20	63 75	63 30	62 85	62 40
37 50	67 30	66 85	66 40	65 95	65 50	65 05	64 60	64 15	63 70	63 25
38 »	68 20	67 75	67 30	66 80	66 35	65 90	65 45	64 95	64 05	64 05
38 50	69 10	68 60	68 15	67 70	67 20	66 75	66 30	65 80	65 35	64 90
39 »	69 95	69 50	69 »	68 55	68 05	67 60	67 10	66 65	66 20	65 70
39 50	70 85	70 35	69 90	69 40	68 95	68 45	67 95	67 50	67 »	66 55
40 »	71 75	71 25	70 75	70 25	69 80	69 30	68 80	68 30	67 85	67 35
40 50	72 60	72 10	71 65	71 15	70 65	70 15	69 65	69 15	68 65	68 20
41 »	73 50	73 »	72 50	72 »	71 50	71 »	70 50	70 »	69 50	69 »
Différ.	0 90	0 90	0 85	0 85	0 85	0 85	0 85	0 85	0 85	0 80

PRIX PERPÉTUEL DU PAIN

Prix du Pain provenant de 100 kilos de toutes farines.

PRIX perpétuel des BLÉS par 100 k. brut.	Poids naturel de l'hect. de blé 75 k. rendement par %k. 75 k. »»	75 k. 500	Poids naturel de l'hect. de blé 76 k. rendement par %k. 76 k. »»	76 k. 500	Poids naturel de l'hect. de blé 77 k. rendement par %k. 77 k. »»	77 k. 500	Poids naturel de l'hect. de blé 78 k. rendement par %k. 78 k. »»	78 k. 500	Poids naturel de l'hect. de blé 79 k. rendement par %k. 79 k. »»	79 k. 500
	Rendement en pain par sac de 100 k. de farine. 135 k. »»	135 k. 500	Rendement en pain par sac de 100 k. de farine. 136 k. »»	136 k. 500	Rendement en pain par sac de 100 k. de farine. 137 k. »»	137 k. 500	Rendement en pain par sac de 100 k. de farine. 138 k. »»	138 k. 500	Rendement en pain par sac de 100 k. de farine. 139 k. »»	139 k. 500
fr. c.	Prix du pain produit par 100 k. de farine. fr. c.	Prix du pain produit par 100 k. de farine. fr. c.	fr. c.	fr. c.	fr. c.	fr. c.	fr. c.	fr. c.	fr. c.	fr. c.
16 »	27 60	27 40	27 30	27 10	27 »	26 80	26 60	26 40	26 30	26 10
16 50	28 40	28 20	28 10	27 90	27 80	27 60	27 40	27 15	27 05	26 85
17 »	29 25	29 »	28 90	28 70	28 60	28 35	28 15	27 95	27 85	27 60
17 50	30 05	29 85	29 70	29 50	29 35	29 15	28 95	28 70	28 60	28 35
18 »	30 85	30 65	30 50	30 30	30 15	29 95	29 70	29 50	29 35	29 15
18 50	31 70	31 45	31 30	31 10	30 95	30 70	30 50	30 25	30 10	29 90
19 »	32 50	32 25	32 10	31 90	31 75	31 50	31 25	31 05	30 90	30 65
19 50	33 35	33 10	32 95	32 70	32 55	32 30	32 05	31 80	31 65	31 40
20 »	34 15	33 90	33 75	33 50	33 30	33 05	32 80	32 60	32 40	32 15
20 50	34 95	34 70	34 55	34 30	34 10	33 85	33 60	33 35	33 20	32 90
21 »	35 80	35 50	35 35	35 10	34 90	34 65	34 40	34 10	33 95	33 70
21 50	36 60	36 35	36 15	35 90	35 70	35 40	35 15	34 90	34 70	34 45
22 »	37 40	37 15	36 95	36 70	36 50	36 20	35 95	35 65	35 45	35 20
22 50	38 25	37 95	37 75	37 45	37 25	37 »	36 70	36 25	36 25	35 95
23 »	39 05	38 75	38 55	38 25	38 05	37 80	37 50	37 20	37 »	36 70
23 50	39 85	39 60	39 35	39 05	38 85	38 55	38 25	38 »	37 75	37 45
24 »	40 70	40 40	40 15	39 85	39 65	39 35	39 05	38 75	38 50	38 25
24 50	41 50	41 20	40 95	40 65	40 45	40 15	39 85	39 50	39 30	39 »
25 »	42 30	42 »	41 75	41 45	41 20	40 90	40 60	40 30	40 05	39 75
25 50	43 15	42 85	42 60	42 25	42 »	41 70	41 40	41 05	40 80	40 50
26 »	43 95	43 65	43 40	43 05	42 80	42 50	42 15	41 85	41 60	41 25
26 50	44 80	44 45	44 20	43 85	43 60	43 25	42 95	42 60	42 35	42 »
27 »	45 60	45 25	45 »	44 65	44 40	44 05	43 70	43 40	43 10	42 80
27 50	46 40	46 10	45 80	45 45	45 15	44 85	44 50	44 15	43 85	43 55
28 »	47 25	46 90	46 60	46 25	45 95	45 60	45 25	44 95	44 65	44 30
28 50	48 05	47 70	47 40	47 05	46 75	46 40	46 05	45 70	45 40	45 05
Différ.	0 80	0 80	0 80	0 80	0 80	0 80	0 80	0 75	0 75	0 75

Prix du Pain provenant de 100 kilos de toutes farines.

PRIX perpétuel des BLÉS par 100 k. brut.	Poids naturel de l'hect. de blé 75 k. rendement par % k.		Poids naturel de l'hect. de blé 76 k. rendement par % k.		Poids naturel de l'hect. de blé 77 k. rendement par % k.		Poids naturel de l'hect. de blé 78 k. rendement par % k.		Poids naturel de l'hect. de blé 79 k. rendement par % k.	
	75 k. »»	75 k. 500	76 k. »»	76 k. 500	77 k. »»	77 k. 500	78 k. »»	78 k. 500	79 k. »»	79 k. 500
	Rendement en pain par sac de 100 k. de farine.		Rendement en pain par sac de 100 k. de farine.		Rendement en pain par sac de 100 k. de farine.		Rendement en pain par sac de 100 k. de farine.		Rendement en pain par sac de 100 k. de farine.	
	135 k. »»	135 k. 500	136 k. »»	136 k. 500	137 k. »»	137 k. 500	138 k. »»	138 k. 500	139 k. »»	139 k. 500
	Prix du pain produit par 100 k. de farine.	Prix du pain produit par 100 k. de farine.	Prix du pain produit par 100 k. de farine.	Prix du pain produit par 100 k. de farine.	Prix du pain produit par 100 k. de farine.	Prix du pain produit par 100 k. de farine.	Prix du pain produit par 100 k. de farine.	Prix du pain produit par 100 k. de farine.	Prix du pain produit par 100 k. de farine.	Prix du pain produit par 100 k. de farine.
fr. c.	fr. c.	fr. c.	fr. c.	fr. c.	fr. c.	fr. c.	fr. c.	fr. c.	fr. c.	fr. c.
29 »	48 85	48 50	48 20	47 85	47 55	47 20	46 85	46 45	46 15	45 80
29 50	49 70	49 30	49 »	48 65	48 35	47 95	47 60	47 25	46 95	46 55
30 »	50 50	50 15	49 80	49 45	49 10	48 75	48 40	48 »	47 70	47 30
30 50	51 30	50 95	50 60	50 25	49 90	49 55	49 15	48 80	48 45	48 10
31 »	52 15	51 75	51 40	51 05	50 70	50 30	49 95	49 55	49 20	48 85
31 50	52 95	52 55	52 20	51 85	51 50	51 10	50 70	50 35	50 »	49 60
32 »	53 80	53 40	53 05	52 65	52 30	51 90	51 50	51 10	50 75	50 35
32 50	54 60	54 20	53 85	53 45	53 05	52 65	52 25	51 90	51 50	51 10
33 »	55 40	55 »	54 65	54 25	53 85	53 45	53 05	52 65	52 30	51 85
33 50	56 25	55 80	55 45	55 05	54 65	54 25	53 85	53 40	53 05	52 65
34 »	57 05	56 65	56 25	55 85	55 45	55 »	54 60	54 20	53 80	53 40
34 50	57 85	57 45	57 05	56 65	56 25	55 80	55 40	54 95	54 55	54 15
35 »	58 70	58 25	57 85	57 40	57 »	56 60	56 15	55 75	55 35	54 90
35 50	59 50	59 05	58 65	58 20	57 80	57 40	56 95	56 50	56 10	55 65
36 »	60 30	59 90	59 45	59 »	58 60	58 15	57 70	57 30	56 85	56 40
36 50	61 15	60 70	60 25	59 80	59 40	58 95	58 50	58 05	57 60	57 20
37 »	61 95	61 50	61 05	60 60	60 20	59 75	59 30	58 80	58 40	57 95
37 50	62 75	62 30	61 85	61 40	60 95	60 50	60 05	59 60	59 15	58 70
38 »	63 60	63 15	62 70	62 20	61 75	61 30	60 85	60 35	59 90	59 45
38 50	64 40	63 95	63 50	63 »	62 55	62 10	61 60	61 15	60 70	60 20
39 »	65 25	64 75	64 30	63 80	63 35	62 85	62 40	61 90	61 45	60 95
39 50	66 05	65 55	65 10	64 60	64 15	63 65	63 15	62 70	62 20	61 75
40 »	66 85	66 40	65 90	65 40	64 90	64 45	63 95	63 45	62 95	62 50
40 50	67 70	67 20	66 70	66 20	65 70	65 20	64 70	64 25	63 75	63 25
41 »	68 50	68 »	67 50	67 »	66 50	66 »	65 50	65 »	64 50	64 »
Différ.	0 80	0 80	0 80	0 80	0 80	0 80	0 80	0 75	0 75	0 75

PRIX PERPÉTUEL DU PAIN

Prix du Pain provenant de 100 kilos de toutes farines.

PRIX perpétuel des BLÉS par 100 k. brut.	Poids naturel de l'hect. de blé 80 k. rendement par °/₀ k. 80 k. »» / 80 k. 500		Poids naturel de l'hect. de blé 81 k. rendement par °/₀ k. 81 k. »» / 81 k. 500		Poids naturel de l'hect. de blé 82 k. rendement par °/₀ k. 82 k. »» / 82 k. 500		Poids naturel de l'hect. de blé 83 k. rendement par °/₀ k. 83 k. »» / 83 k. 500		Poids naturel de l'hect. de blé 84 k. rendement par °/₀ k. 84 k. »» / 84 k. 500	
	Rendement en pain par sac de 100 k. de farine. 140 k. »»	140 k. 500	Rendement en pain par sac de 100 k. de farine. 141 k. »»	141 k. 500	Rendement en pain par sac de 100 k. de farine. 142 k. »»	142 k. 500	Rendement en pain par sac de 100 k. de farine. 143 k. »»	143 k. 500	Rendement en pain par sac de 100 k. de farine. 144 k. »»	144 k. 500
	Prix du pain produit par 100 k. de farine.	Prix du pain produit par 100 k. de farine.	Prix du pain produit par 100 k. de farine.	Prix du pain produit par 100 k. de farine.	Prix du pain produit par 100 k. de farine.	Prix du pain produit par 100 k. de farine.	Prix du pain produit par 100 k. de farine.	Prix du pain produit par 100 k. de farine.	Prix de pain produit par 100 k. de farine.	Prix du pain produit par 100 k. de farine.
fr. c.	fr. c.	fr. c.	fr. c.	fr. c.	fr. c.	fr. c.	fr. c.	fr. c.	fr. c.	fr. c.
16 »	26 »	25 80	25 60	25 40	25 30	25 10	25 »	24 80	24 60	24 40
16 50	26 75	26 55	26 35	26 15	26 »	25 80	25 70	25 50	25 30	25 10
17 »	27 50	27 30	27 10	26 85	26 75	26 55	26 40	26 20	26 »	25 80
17 50	28 25	28 05	27 80	27 00	27 45	27 25	27 15	26 90	26 70	26 50
18 »	29 »	28 80	28 55	28 35	28 20	27 95	27 85	27 60	27 40	27 15
18 50	29 75	29 50	29 30	29 05	28 90	28 70	28 55	28 30	28 10	27 85
19 »	30 50	30 25	30 05	29 80	29 65	29 40	29 25	29 »	28 80	28 55
19 50	31 25	31 »	30 75	30 50	30 35	30 15	29 95	29 75	29 50	29 25
20 »	32 »	31 75	31 50	31 25	31 10	30 85	30 70	30 45	30 20	29 95
20 50	32 75	32 50	32 25	32 »	31 80	31 55	31 40	31 15	30 90	30 65
21 »	33 50	33 25	33 »	32 70	32 55	32 30	32 10	31 85	31 60	31 30
21 50	34 25	34 »	33 70	33 45	33 25	33 »	32 80	32 55	32 30	32 »
22 »	35 »	34 75	34 45	34 20	34 »	33 70	33 50	33 25	33 »	32 70
22 50	35 75	35 45	35 20	34 90	34 70	34 45	34 25	33 95	33 65	33 40
23 »	36 50	36 20	35 95	35 65	35 45	35 15	34 65	34 35	34 35	34 10
23 50	37 25	36 95	36 65	36 40	36 15	35 85	35 65	35 35	35 05	34 80
24 »	38 »	37 70	37 40	37 10	36 90	36 60	36 35	36 05	35 75	35 45
24 50	38 75	38 45	38 15	37 85	37 60	37 30	37 05	36 75	36 45	36 15
25 »	39 50	39 20	38 90	38 60	38 35	38 »	37 80	37 45	37 15	36 85
25 50	40 25	39 95	39 60	39 30	39 05	38 75	38 50	38 20	37 85	37 55
26 »	41 »	40 70	40 35	40 05	39 80	39 45	39 20	38 90	38 55	38 05
26 50	41 75	41 45	41 10	40 75	40 50	40 20	39 90	39 60	39 25	38 95
27 »	42 50	42 15	41 85	41 50	41 25	40 90	40 60	40 30	39 95	39 60
27 50	43 25	42 90	42 55	42 25	41 95	41 60	41 35	41 »	40 65	40 30
28 »	44 »	43 05	43 30	42 95	42 70	42 35	42 05	41 70	41 35	41 »
28 50	44 75	44 40	44 05	43 70	43 40	43 05	42 75	42 40	42 05	41 70
Différ.	0 75	0 75	0 75	0 75	0 70	0 70	0 70	0 70	0 70	0 70

Prix du Pain provenant de 100 kilos de toutes farines.

PRIX perpétuel des BLÉS par 100 k. brut.	Poids naturel de l'hect. de blé 80 k. rendement par %k. 80 k. »»	80 k. 500	Poids naturel de l'hect. de blé 81 k. rendement par %k. 81 k. »»	81 k. 500	Poids naturel de l'hect. de blé 82 k. rendement par %k. 82 k. »»	82 k. 500	Poids naturel de l'hect. de blé 83 k. rendement par %k. 83 k. »»	83 k. 500	Poids naturel de l'hect. de blé 84 k. rendement par %k. 84 k. »»	84 k. 500
	Rendement en pain par sac de 100 k. de farine. 140 k. »»	140 k. 500	Rendement en pain par sac de 100 k. de farine. 141 k. »»	141 k. 500	Rendement en pain par sac de 100 k. de farine. 142 k. »»	142 k. 500	Rendement en pain par sac de 100 k. de farine. 143 k. »»	143 k. 500	Rendement en pain par sac de 100 k. de farine. 144 k. »»	144 k. 500
	Prix du pain produit par 100 k. de farine.	Prix du pain produit par 100 k. de farine.	Prix du pain produit par 100 k. de farine.	Prix du pain produit par 100 k. de farine.	Prix du pain produit par 100 k. de farine.	Prix du pain produit par 100 k. de farine.	Prix du pain produit par 100 k. de farine.	Prix du pain produit par 100 k. de farine.	Prix du pain produit par 100 k. de farine.	Prix du pain produit par 100 k. de farine.
fr. c.	fr. c.	fr. c.	fr. c.	fr. c.	fr. c.	fr. c.	fr. c.	fr. c.	fr. c.	fr. c.
29 »	45 50	45 15	44 80	44 45	44 10	43 75	43 45	43 10	42 75	42 40
29 50	46 25	45 90	45 55	45 15	44 85	44 50	44 15	43 80	43 45	43 10
30 »	47 »	46 65	46 25	45 90	45 ·55	45 20	44 90	44 50	44 15	43 80
30 50	47 75	47 40	47 »	46 65	46 30	45 90	45 60	45 21	44 85	44 45
31 »	48 50	48 10	47 75	47 35	47 »	46 65	46 30	45 90	45 55	45 15
31 50	49 25	48 85	48 50	48 10	47 75	47 35	47 00	46 60	46 25	45 85
32 »	50 00	49 60	49 20	48 80	48 45	48 10	47 70	47 35	46 95	46 55
32 50	50 75	50 35	49 95	49 55	49 20	48 80	48 45	48 05	47 65	47 25
33 »	51 50	51 10	50 70	50 30	49 90	49 50	49 15	48 75	48 35	47 95
33 50	52 25	51 85	51 45	51 »	50 65	50 25	49 85	49 45	49 05	48 60
34 »	53 »	52 60	52 15	51 75	51 35	50 95	50 55	50 15	49 75	49 30
34 50	53 75	53 35	52 90	52 50	52 10	51 65	51 25	50 85	50 45	50 09
35 »	54 50	54 05	53 65	53 20	52 80	52 40	52 »	51 55	51 10	50 70
35 50	55 50	54 80	54 40	53 95	53 55	53 10	52 70	52 25	51 80	51 40
36 »	56 »	55 55	55 10	54 70	54 25	53 80	53 40	52 95	52 50	52 10
36 50	56 75	56 30	55 85	55 40	55 »	54 55	54 10	53 65	53 20	52 75
37 »	57 50	57 05	56 60	56 15	55 70	55 25	54 80	54 35	53 90	53 45
37 50	58 25	57 80	57 33	56 90	56 45	55 95	55 55	55 05	54 60	54 15
38 »	59 »	58 55	58 05	57 60	57 15	56 70	56 25	55 80	55 30	54 85
38 50	59 75	59 30	58 80	58 35	57 90	57 40	56 95	56 50	56 »	55 55
39 »	60 50	60 »	59 55	59 03	58 60	58 15	57 65	57 20	56 70	56 25
39 50	61 25	60 75	60 30	59 80	59 35	58 85	58 35	57 90	57 40	56 90
40 »	62 »	61 50	61 »	60 55	60 05	59 55	59 10	58 60	58 10	57 60
40 50	62 75	62 25	61 75	61 25	60 80	60 30	59 80	59 30	58 80	58 30
41 »	63 50	63 00	62 50	62 »	61 50	61 »	60 50	60 »	59 50	59 00
Différ.	0 75	0 75	0 75	0 75	0 70	0 70	0 70	0 70	0 70	0 70

PRIX PERPÉTUEL DU PAIN

Prix du Pain provenant de 122 kilos 1/2 de toutes farines.

PRIX perpétuel des BLÉS par 100 k. brut.	Poids naturel de l'hect. de blé 65 k. rendement par % k.		Poids naturel de l'hect. de blé 66 k. rendement par % k.		Poids naturel de l'hect. de blé 67 k. rendement par % k.		Poids naturel de l'hect. de blé 68 k. rendement par % k.		Poids naturel de l'hect. de blé 69 k. rendement par % k.	
	65 k. »»	65 k. 500	66 k. »»	66 k. 500	67 k. »»	67 k. 500	68 k. »»	68 k. 500	69 k. »»	69 k. 500
	153 k. »»	154 k. »»	154 k. 500	155 k. »»	155 k. 500	156 k. »»	157 k. »»	157 k. 500	158 k. »»	158 k. 500
	Prix du pain produit par un sac de 122 k. 1/2 de farine.	Prix du pain produit par un sac de 122 k. 1/2 de farine.	Prix du pain produit par un sac de 122 k. 1/2 de farine.	Prix du pain produit par un sac de 122 k. 1/2 de farine.	Prix du pain produit par un sac de 122 k. 1/2 de farine.	Prix du pain produit par un sac de 122 k. 1/2 de farine.	Prix du pain produit par un sac de 122 k. 1/2 de farine.	Prix du pain produit par un sac de 122 k. 1/2 de farine.	Prix du pain produit par un sac de 122 k. 1/2 de farine.	Prix du pain produit par un sac de 122 k. 1/2 de farine.
fr. c.	fr. c.	fr. c.	fr. c.	fr. c.	fr. c.	fr. c.	fr. c.	fr. c.	fr. c.	fr. c.
16 »	38 10	38 »	37 90	37 70	37 60	37 50	37 40	37 30	37 30	37 20
16 50	39 25	39 15	39 05	38 85	38 70	38 60	38 50	38 40	38 40	38 25
17 »	40 40	40 30	40 20	39 95	39 85	39 70	39 60	39 50	39 45	39 35
17 50	41 60	41 45	41 35	41 10	40 95	40 85	40 70	40 60	40 50	40 40
18 »	42 75	42 60	42 45	42 25	42 10	41 95	41 80	41 65	41 60	41 50
18 50	43 90	43 75	43 60	43 35	43 20	43 05	42 90	42 75	42 70	42 55
19 »	45 05	44 90	44 75	44 50	44 35	44 15	44 »	43 85	43 80	43 60
19 50	46 25	46 05	45 90	45 60	45 45	45 30	45 10	44 95	44 85	44 70
20 »	47 40	47 20	47 05	46 75	46 60	46 40	46 20	46 05	45 95	45 75
20 50	48 55	48 35	48 20	47 90	47 70	47 50	47 30	47 15	47 »	46 85
21 »	49 70	49 50	49 30	49 »	48 80	48 60	48 40	48 20	48 10	47 90
21 50	50 90	50 65	50 45	50 15	49 95	49 75	49 50	49 30	49 20	48 95
22 »	52 05	51 80	51 60	51 30	51 05	50 85	50 60	50 40	50 25	50 05
22 50	53 20	53 »	52 75	52 40	52 20	51 95	51 75	51 50	51 35	51 10
23 »	54 35	54 15	53 90	53 55	53 30	53 05	52 85	52 60	52 40	52 20
23 50	55 55	55 30	55 05	54 70	54 45	54 20	53 95	53 70	53 50	53 25
24 »	56 70	56 45	56 15	55 80	55 55	55 30	55 05	54 75	54 60	54 30
24 50	57 85	57 60	57 30	56 95	56 65	56 40	56 15	55 85	55 65	55 40
25 »	59 »	58 75	58 45	58 10	57 80	57 50	57 25	56 95	56 75	56 45
25 50	60 20	59 90	59 60	59 25	58 90	58 65	58 35	58 05	57 80	57 55
26 »	61 35	61 05	60 75	60 35	60 05	59 75	59 45	59 15	58 90	58 60
26 50	62 50	62 20	61 90	61 45	61 15	60 85	60 55	60 25	59 »	59 65
27 »	63 65	63 35	62 »	62 60	62 30	61 95	61 65	61 30	61 05	60 75
27 50	64 85	64 50	64 15	63 75	63 40	63 10	62 75	62 40	62 15	61 80
28 »	66 »	65 65	65 30	64 85	64 55	64 20	63 85	63 50	63 20	62 90
28 50	67 15	66 89	66 45	66 »	65 65	65 30	64 95	64 65	64 30	63 95
Différ.	0 95	0 95	0 95	0 95	0 90	0 90	0 90	0 90	0 90	0 90

PRIX PERPÉTUEL DU PAIN

Prix du Pain provenant de 122 kilos 1/2 de toutes farines.

PRIX perpétuel des BLÉS par 100 k. brut.	Poids naturel de l'hect. de blé 65 k. rendement par °/₀ k. 65 k.»» — 153 k.»» Prix du pain produit par un sac de 122 k. 1/2 de farine.	Poids naturel de l'hect. de blé 65 k. 65 k.500 — 154 k.»» Prix du pain produit par un sac de 122 k. 1/2 de farine.	Poids naturel de l'hect. de blé 66 k. 66 k.»» — 154 k.500 Prix du pain produit par un sac de 122 k. 1/2 de farine.	66 k.500 — 155 k.»» Prix du pain produit par un sac de 122 k. 1/2 de farine.	Poids naturel de l'hect. de blé 67 k. 67 k.»» — 155 k.500 Prix du pain produit par un sac de 122 k. 1/2 de farine.	67 k.500 — 156 k.»» Prix du pain produit par un sac de 122 k. 1/2 de farine.	Poids naturel de l'hect. de blé 68 k. 68 k.»» — 157 k.»» Prix du pain produit par un sac de 122 k. 1/2 de farine.	68 k.500 — 157 k.500 Prix du pain produit par un sac de 122 k. 1/2 de farine.	Poids naturel de l'hect. de blé 69 k. 69 k.»» — 158 k.»» Prix du pain produit par un sac de 122 k. 1/2 de farine.	69 k.500 — 158 k.500 Prix du pain produit par un sac de 122 k. 1/2 de farine.
fr. c.	fr. c.	fr. c.	fr. c.	fr. c.	fr. c.	fr. c.	fr. c.	fr. c.	fr. c.	fr. c.
29 »	68 30	67 95	67 60	67 15	66 75	66 40	66 05	65 70	65 40	65 »
29 50	69 45	69 10	68 75	68 25	67 90	67 50	67 15	66 80	66 45	66 10
30 »	70 65	70 25	69 90	69 40	69 »	68 65	68 25	67 90	67 55	67 15
30 50	71 80	71 40	71 00	70 55	70 15	69 75	69 35	68 95	68 60	68 25
31 »	72 95	72 55	72 15	71 65	71 25	70 95	70 45	70 05	69 70	69 30
31 50	74 10	73 70	73 30	72 80	72 40	71 95	71 55	71 15	70 80	70 35
32 »	75 30	74 85	74 45	73 90	73 50	73 10	72 65	72 25	71 85	71 45
32 50	76 45	76 »	75 60	75 05	74 65	74 20	73 75	73 35	72 95	72 50
33 »	77 60	77 15	76 75	76 20	75 75	75 30	74 85	74 45	74 »	73 60
33 50	78 75	78 30	77 85	77 30	76 85	76 40	75 95	75 50	75 10	74 65
34 »	79 95	79 45	79 00	78 45	78 »	77 55	77 05	76 65	76 20	75 70
34 50	81 10	80 60	80 15	79 60	79 10	78 65	78 15	77 70	77 25	76 80
35 »	82 25	81 80	81 30	80 70	80 25	79 75	79 30	78 80	78 35	77 85
35 50	83 40	82 95	82 45	81 85	81 35	80 85	80 40	79 90	79 40	78 95
36 »	84 60	84 10	83 60	83 »	82 50	82 »	81 50	81 »	80 50	80 »
36 50	85 75	85 25	84 70	84 10	83 60	83 10	82 60	82 05	81 60	81 05
37 »	86 90	86 40	85 85	85 25	84 70	84 20	83 70	83 15	82 65	82 15
37 50	88 05	87 55	87 00	86 40	85 85	85 30	84 80	84 25	83 75	83 20
38 »	89 25	88 70	88 15	87 50	86 95	86 45	85 90	85 35	84 80	84 30
38 50	90 40	89 85	89 30	88 65	88 10	87 55	87 »	86 45	85 90	85 35
39 »	91 55	91 00	90 45	89 75	89 20	88 65	88 10	87 55	87 »	86 40
39 50	92 70	92 15	91 55	90 90	90 35	89 75	89 20	88 60	88 05	87 50
40 »	93 90	93 30	92 70	92 05	91 45	90 90	90 30	89 70	89 15	88 55
40 50	95 05	94 45	93 85	93 15	92 60	92 »	91 40	90 80	90 20	89 65
41 »	96 20	95 60	95 »	94 30	93 70	93 10	92 50	91 90	91 30	90 70
Différ.	1 15	1 15	1 15	1 15	1 10	1 10	1 10	1 10	1 10	1 05

PRIX PERPÉTUEL DU PAIN

Prix du Pain provenant de 122 kilos 1/2 de toutes farines.

PRIX perpétuel des BLÉS par 100 k. brut.	Poids naturel de l'hect. de blé 70 k. rendement par %k.		Poids naturel de l'hect. de blé 71 k. rendement par %k.		Poids naturel de l'hect. de blé 72 k. rendement par %k.		Poids naturel de l'hect. de blé 73 k. rendement par %k.		Poids naturel de l'hect. de blé 74 k. rendement par %.	
	70 k.»»	70 k. 500	71 k.»»	71 k. 500	72 k.»»	72 k. 500	73 k.»»	73 k. 500	74 k.»»	74 k. 500
	Rendement en pain par sac de 122 k. 1/2 de farine.		Rendement en pain par sac de 122 k. 1/2 de farine.		Rendement en pain par sac de 122 k. 1/2 de farine.		Rendement en pain par sac de 122 k. 1/2 de farine.		Rendement en pain par sac de 122 k. 1/2 de farine.	
	159 k.»»	160 k.»»	160 k.500	161 k.»»	161 k.500	162 k.500	163 k.»»	163 k.500	164 k.»»	165 k.»»
	Prix du pain produit par un sac de 122 k. 1/2 de farine.	Prix du pain produit par un sac de 122 k. 1/2 de farine.	Prix du pain produit par un sac de 122 k. 1/2 de farine.	Prix du pain produit par un sac de 122 k. 1/2 de farine.	Prix du pain produit par un sac de 122 k. 1/2 de farine.	Prix du pain produit par un sac de 122 k. 1/2 de farine.	Prix du pain produit par un sac de 122 k. 1/2 de farine.	Prix du pain produit par un sac de 122 k. 1/2 de farine.	Prix du pain produit par un sac de 122 k. 1/2 de farine.	Prix du pain produit par un sac de 122 k. 1/2 de farine.
fr. c.	fr. c.	fr. c.	fr. c.	fr. c.	fr. c.	fr. c.	fr. c.	fr. c.	fr. c.	fr. c.
16 »	37 10	37 »	36 90	36 80	36 70	36 60	36 60	36 50	36 40	36 30
16 50	38 15	38 05	37 95	37 85	37 70	37 60	37 60	37 50	37 40	37 25
17 »	39 20	39 10	39 »	38 85	38 75	38 60	38 60	38 45	38 35	38 25
17 50	40 30	40 15	40 »	39 90	39 75	39 60	39 60	39 45	39 35	39 20
18 »	41 35	41 20	41 05	40 90	40 80	40 65	40 60	40 40	40 30	40 15
18 50	42 40	42 25	42 10	41 95	41 80	41 65	41 60	41 40	41 30	41 15
19 »	43 45	43 30	43 15	43 »	42 80	42 65	42 60	42 40	42 25	42 10
19 50	44 50	44 35	44 20	44 »	43 85	43 65	43 55	43 35	43 25	43 05
20 »	45 60	45 40	45 20	45 05	44 85	44 65	44 55	44 35	44 20	44 05
20 50	46 65	46 45	46 25	46 05	45 85	45 65	45 55	45 30	45 20	45 »
21 »	47 70	47 50	47 30	47 10	46 90	46 70	46 55	46 30	46 15	45 95
21 50	48 75	48 55	48 35	48 15	47 90	47 70	47 55	47 30	47 15	46 95
22 »	49 80	49 60	49 40	49 15	48 95	48 70	48 55	48 25	48 10	47 90
22 50	50 90	50 65	50 40	50 20	49 95	49 70	49 55	49 25	49 10	48 85
23 »	51 95	51 70	51 45	51 20	51 »	50 70	50 55	50 20	50 05	49 80
23 50	53 »	52 75	52 50	52 25	52 »	51 70	51 55	51 20	51 05	50 80
24 »	54 05	53 80	53 55	53 30	53 »	52 75	52 55	52 20	52 »	51 75
24 50	55 10	54 85	54 60	54 30	54 05	53 75	53 55	53 15	53 »	52 70
25 »	56 20	55 90	55 60	55 35	55 05	54 75	54 55	54 15	53 95	53 70
25 50	57 25	56 95	56 65	56 35	56 10	55 75	55 50	55 10	54 95	54 65
26 »	58 30	58 »	57 70	57 40	57 10	56 75	56 50	56 10	55 90	55 60
26 50	59 35	59 05	58 75	58 45	58 10	57 75	57 50	57 10	56 90	56 60
27 »	60 40	60 10	59 80	59 45	59 15	58 80	58 50	58 05	57 85	57 55
27 50	61 50	61 15	60 80	60 50	60 15	59 80	59 50	59 05	58 85	58 50
28 »	62 55	62 20	61 85	61 50	61 20	60 80	60 50	60 »	59 80	59 50
28 50	63 60	63 25	62 90	62 55	62 20	61 80	61 50	61 »	60 80	60 45
Différ.	1 05	1 05	1 05	1 05	1 00	1 00	1 00	1 00	1 00	0 95

Prix du Pain provenant de 122 kilos 1/2 de toutes farines.

PRIX perpétuel des BLÉS par 100 k. brut.	Poids naturel de l'hect. de blé 70 k.		Poids naturel de l'hect. de blé 71 k.		Poids naturel de l'hect. de blé 72 k.		Poids naturel de l'hect. de blé 73 k.		Poids naturel de l'hect. de blé 74 k.	
	70 k. »»	70 k. 500	71 k. »»	71 k. 500	72 k. »»	72 k. 500	73 k. »»	73 k. 500	74 k. »»	74 k. 500
	159 k. »»	160 k. »»	160 k. 500	161 k. »»	161 k. 500	162 k. 500	163 k. »»	163 k. 500	164 k. »»	165 k. »»
	fr. c.	fr. c.	fr. c.	fr. c.	fr. c.	fr. c.	fr. c.	fr. c.	fr. c.	fr. c.
29 »	64 65	64 30	63 95	63 60	63 20	62 80	62 50	62 »	61 80	61 40
29 50	65 70	65 35	65 »	64 60	64 25	63 80	63 50	62 95	62 75	62 40
30 »	66 80	66 40	66 »	65 65	65 25	64 80	64 50	63 95	63 75	63 35
30 50	67 85	67 45	67 05	66 65	66 30	65 85	65 50	64 90	64 70	64 30
31 »	68 90	68 50	68 10	67 70	67 30	66 85	66 50	65 90	65 70	65 30
31 50	69 95	69 55	69 15	68 75	68 30	67 85	67 50	66 90	66 65	66 25
32 »	71 »	70 60	70 20	69 75	69 35	68 85	68 45	67 85	67 65	67 20
32 50	72 10	71 65	71 20	70 80	70 35	69 85	69 45	68 85	68 60	68 20
33 »	73 15	72 70	72 25	71 80	71 40	70 85	70 45	69 80	69 60	69 15
33 50	74 20	73 75	73 30	72 85	72 40	71 90	71 45	70 80	70 55	70 10
34 »	75 25	74 80	74 35	73 90	73 40	72 90	72 45	71 80	71 50	71 10
34 50	76 30	75 85	75 40	74 90	74 45	73 90	73 45	72 75	72 50	72 05
35 »	77 40	76 90	76 40	75 95	75 45	74 90	74 45	73 75	73 50	73 »
35 50	78 45	77 95	77 45	76 95	76 50	75 90	75 45	74 70	74 45	73 95
36 »	79 50	79 »	78 50	78 »	77 50	76 90	76 45	75 70	75 45	74 95
36 50	80 55	80 05	79 55	79 05	78 50	77 95	77 45	76 70	76 40	75 90
37 »	81 60	81 10	80 60	80 05	79 55	78 95	78 45	77 65	77 40	76 85
37 50	82 70	82 15	81 60	81 10	80 55	79 95	79 45	78 65	78 35	77 85
38 »	83 75	83 20	82 65	82 10	81 60	80 95	80 40	79 60	79 35	78 80
38 50	84 80	84 25	83 70	83 15	82 60	81 95	81 40	80 60	80 30	79 75
39 »	85 85	85 30	84 75	84 20	83 60	82 95	82 40	81 60	81 30	80 75
39 50	86 90	86 35	85 80	85 20	84 65	84 »	83 40	82 55	82 25	81 70
40 »	88 »	87 40	86 80	86 25	85 65	85 »	84 40	83 55	83 25	82 65
40 50	89 05	88 45	87 85	87 25	86 70	86 »	85 40	84 50	84 20	83 65
41 »	90 10	89 50	88 90	88 30	87 70	87 »	86 40	85 50	85 20	84 60
Différ.	1 05	1 05	1 05	1 05	1 00	1 00	1 00	1 00	1 00	0 95

Note : pour chaque groupe « Poids naturel », rendement par °/₀ k. ; Rendement en pain par sac de 122 k. 1/2 de farine ; Prix du pain produit par un sac de 122 k. 1/2 de farine.

PRIX PERPÉTUEL DU PAIN

Prix du Pain provenant de 122 kilos 1/2 de toutes farines.

PRIX perpétuel des BLÉS par 100 k. brut.	Poids naturel de l'hect. de blé 75 k. rendement par °/₀ k.		Poids naturel de l'hect. de blé 76 k. rendement par °/₀ k.		Poids naturel de l'hect. de blé 77 k. rendement par °/₀ k.		Poids naturel de l'hect. de blé 78 k. rendement par °/₀ k.		Poids naturel de l'hect. de blé 79 k. rendement par °/₀ k.	
	75 k. »»	75 k. 500	76 k. »»	76 k. 500	77 k. »»	77 k. 500	78 k. »»	78 k. 500	79 k. »»	79 k. 500
	Rendement en pain par sac de 122 k. 1/2 de farine.		Rendement en pain par sac de 122 k. 1/2 de farine.		Rendement en pain par sac de 122 k. 1/2 de farine.		Rendement en pain par sac de 122 k. 1/2 de farine.		Rendement en pain par sac de 122 k. 1/2 de farine.	
	165 k.500	166 k.500	167 k.»»	167 k.500	168 k.»»	168 k.500	169 k.»»	169 k.500	170 k.»»	171 k.»»
	Prix du pain produit par un sac de 122 k. 1/2 de farine.	Prix du pain produit par un sac de 122 k. 1/2 de farine.	Prix du pain produit par un sac de 122 k. 1/2 de farine.	Prix du pain produit par un sac de 122 k. 1/2 de farine.	Prix du pain produit par un sac de 122 k. 1/2 de farine.	Prix du pain produit par un sac de 122 k. 1/2 de farine.	Prix du pain produit par un sac de 122 k. 1/2 de farine.	Prix du pain produit par un sac de 122 k. 1/2 de farine.	Prix du pain produit par un sac de 122 k. 1/2 de farine.	Prix de pain produit par un sac de 122 k. 1/2 de farine.
fr. c.	fr. c.	fr. c.	fr. c.	fr. c.	fr. c.	fr. c.	fr. c.	fr. c.	fr. c.	fr. c.
16 »	36 20	36 10	36 »	36 »	35 90	35 80	35 70	35 60	35 50	35 40
16 50	37 15	37 05	36 95	36 90	36 80	36 70	36 60	36 50	36 35	36 25
17 »	38 10	38 »	37 85	37 85	37 75	37 60	37 50	37 35	37 25	37 10
17 50	39 05	38 95	38 80	38 75	38 65	38 50	38 40	38 25	38 10	38 »
18 »	40 »	39 90	39 75	39 70	39 55	39 40	39 25	39 15	39 »	38 85
18 50	41 »	40 85	40 70	40 60	40 45	40 30	40 15	40 »	39 85	39 70
19 »	41 95	41 80	41 60	41 55	41 40	41 20	41 05	40 90	40 75	40 55
19 50	42 90	42 70	42 55	42 45	42 30	42 15	41 95	41 75	41 60	41 45
20 »	43 85	43 65	43 50	43 40	43 20	43 05	42 85	42 65	42 50	42 30
20 50	44 80	44 60	44 40	44 30	44 15	43 95	43 75	43 55	43 35	43 15
21 »	45 75	45 55	45 35	45 25	45 05	44 85	44 60	44 40	44 20	44 »
21 50	46 70	46 50	46 30	46 15	45 95	45 75	45 50	45 30	45 10	44 90
22 »	47 65	47 45	47 25	47 10	46 85	46 65	46 40	46 20	45 95	45 75
22 50	48 65	48 40	48 15	48 »	47 30	47 55	47 30	47 05	46 85	46 60
23 »	49 60	49 35	49 10	48 90	48 70	48 45	48 20	47 95	47 70	47 45
23 50	50 55	50 30	50 05	49 85	49 60	49 35	49 10	48 85	48 60	48 35
24 »	51 50	51 25	51 »	50 80	50 50	50 25	49 95	49 70	49 45	49 20
24 50	52 45	52 20	51 90	51 70	51 45	51 15	50 85	50 60	50 30	50 05
25 »	53 40	53 15	52 85	52 65	52 35	52 05	51 75	51 50	51 20	50 90
25 50	54 35	54 05	53 80	53 55	53 25	53 »	52 65	52 35	52 05	51 80
26 »	55 30	55 »	54 70	54 50	54 20	53 90	53 55	53 25	52 95	52 65
26 50	56 30	55 95	55 65	55 40	55 10	54 80	54 45	54 10	53 80	53 50
27 »	57 25	56 90	56 60	56 35	56 »	55 70	55 30	55 »	54 70	54 35
27 50	58 20	57 85	57 55	57 25	56 90	56 60	56 20	55 90	55 55	55 25
28 »	59 15	58 80	58 45	58 20	57 85	57 50	57 10	56 75	56 45	56 10
28 50	60 10	59 75	59 40	59 10	58 75	58 40	58 »	57 65	57 30	56 95
Différ.	0 95	0 95	0 95	0 90	0 90	0 90	0 90	0 90	0 85	0 85

PRIX PERPÉTUEL DU PAIN

Prix du Pain provenant de 122 kilos 1/2 de toutes farines.

PRIX perpétuel des BLÉS par 100 k. brut.	Poids naturel de l'hect. de blé 75 k. rendement par °/₀ k. 75 k. »» Rendement en pain par sac de 122 k. 1/2 de farine. 165 k. 500 Prix du pain produit par un sac de 122 k. 1/2 de farine.		Poids naturel de l'hect. de blé 76 k. rendement par °/₀ k. 76 k. »» / 76 k. 500 Rendement en pain par sac de 122 k. 1/2 de farine. 167 k. »» / 167 k. 500		Poids naturel de l'hect. de blé 77 k. rendement par °/₀ k. 77 k. »» / 77 k. 500 Rendement en pain par sac de 122 k. 1/2 de farine. 168 k. »» / 168 k. 500		Poids naturel de l'hect. de blé 78 k. rendement par °/₀ k. 78 k. »» / 78 k. 500 Rendement en pain par sac de 122 k. 1/2 de farine. 169 k. »» / 169 k. 500		Poids naturel de l'hect. de blé 79 k. rendement par °/₀ k. 79 k. »» / 79 k. 500 Rendement en pain par sac de 122 k. 1/2 de farine. 170 k. »» / 170 k. »»	
fr. c.	fr. c.	fr. c.	fr. c.	fr. c.	fr. c.	fr. c.	fr. c.	fr. c.	fr. c.	fr. c.
29 »	61 05	60 70	60 35	60 »	59 65	59 30	58 90	58 55	58 15	57 80
29 50	62 »	61 65	61 25	60 95	60 60	60 20	59 80	59 40	59 05	58 65
30 »	62 95	62 60	62 20	61 85	61 50	61 10	60 70	60 30	59 90	59 55
30 50	63 90	63 55	63 15	62 80	62 40	62 »	61 55	61 20	60 80	60 40
31 »	64 90	64 50	64 10	63 70	63 30	62 90	62 45	62 05	61 65	61 25
31 50	63 85	63 45	65 »	64 65	64 25	63 80	63 35	62 95	62 55	62 10
32 »	65 80	66 35	65 95	65 55	65 15	64 75	64 25	63 80	63 40	63 »
32 50	67 75	67 30	66 90	66 50	66 05	65 65	65 15	64 70	64 30	63 85
33 »	68 70	68 25	67 85	67 40	67 »	66 55	66 05	65 60	65 15	64 70
33 50	69 65	69 20	68 75	68 35	67 90	67 45	66 99	66 45	66 »	75 55
34 »	70 60	70 15	69 70	69 25	68 80	68 35	67 80	67 35	66 90	66 45
34 50	71 55	71 10	70 65	70 20	69 70	69 25	68 70	68 25	67 75	67 30
35 »	72 55	72 05	71 55	71 10	70 65	70 15	69 60	69 10	68 65	68 15
35 50	73 50	73 10	72 50	72 05	71 55	71 05	70 50	70 »	69 50	69 »
36 »	74 45	73 95	73 45	72 95	72 45	71 95	71 40	70 90	70 40	69 90
36 50	75 40	74 90	74 40	73 90	73 35	72 85	72 25	71 75	71 25	70 75
37 »	76 35	75 85	75 30	74 80	74 30	73 75	73 15	72 65	72 10	71 60
37 50	77 30	76 80	76 25	75 75	75 20	74 65	74 05	73 55	73 »	72 45
38 »	78 25	77 70	77 20	76 60	76 10	75 60	74 95	74 40	73 85	73 35
38 50	79 20	78 65	78 10	77 60	77 05	76 50	75 85	75 30	74 75	74 20
39 »	80 20	79 60	79 05	78 50	77 95	77 40	76 75	76 15	75 60	75 05
39 50	81 15	80 55	80 »	79 45	78 85	78 30	77 60	77 05	76 50	76 90
40 »	82 10	81 50	80 95	80 35	79 75	79 20	78 50	77 95	77 35	76 80
40 50	83 05	82 45	81 85	81 30	80 70	80 10	79 40	78 80	78 25	77 65
41 »	84 »	83 40	82 80	82 20	81 60	81 »	80 30	79 70	79 10	78 50
Différ.	0 95	0 95	0 95	0 90	0 90	0 90	0 90	0 90	0 85	0 85

PRIX PERPÉTUEL DU PAIN

Prix du Pain provenant de 122 kilos 1/2 de toutes farines.

PRIX perpétuel des BLÉS par 100 k. brut.	Poids naturel de l'hect. de blé 80 k. rendement par °/₀ k. 80 k.»» / 80 k.500 — Rendement en pain par sac de 122 k. 1/2 de farine. 171k.500 — Prix du pain produit par un sac de 122 k. 1/2 de farine.		Poids naturel de l'hect. de blé 81 k. rendement par °/₀ k. 81 k.»» / 81 k.500 — 173 k.»»		Poids naturel de l'hect. de blé 82 k. rendement par°/₀ k. 82 k»» / 82 k.500 — 174 k.»»		Poids naturel de l'hect. de blé 83 k. rendement par°/₀ k. 83 k.»» / 83 k.500 — 175 k.»»		Poids naturel de l'hect. de blé 84 k. rendement par°/₀ k 84 k.»» / 84 k.500 — 176k.500	
	172 k.»» 173k.500 174k.500 176 k.»» 177k.500									
	fr. c.	fr. c.	fr. c.	fr. c.	fr. c.	fr. c.	fr. c.	fr. c.	fr. c.	fr. c.
16 »	35 30	35 30	35 20	35 ▼10	35 »	34 90	34 80	34 70	34 60	34 60
16 50	36 15	36 15	35 90	35 90	35 80	35 70	35 60	35 50	35 35	35 35
17 »	37 »	37 »	36 85	36 75	36 60	36 50	36 40	36 25	36 15	36 10
17 50	37 85	37 80	37 70	37 55	37 45	37 30	37 15	37 05	36 90	36 85
18 »	38 70	38 65	38 50	38 40	38 25	38 10	37 95	37 80	37 65	37 60
18 50	39 50	39 50	39 35	39 20	39 05	38 90	38 75	38 60	38 45	38 40
19 »	40 40	40 35	40 20	40 »	39 85	39 70	39 55	39 35	39 20	39 15
19 50	41 25	41 20	41 »	40 85	40 65	40 50	40 30	40 15	40 »	39 90
20 »	42 10	42 »	41 85	41 65	41 50	41 30	41 10	40 90	40 75	40 65
20 50	42 95	42 85	42 65	42 50	42 30	42 10	41 90	41 70	41 50	41 40
21 »	43 80	43 70	43 50	43 30	43 10	42 90	42 70	42 50	42 30	42 15
21 50	44 65	44 55	44 35	44 10	43 90	43 70	43 45	43 25	43 05	42 90
22 »	45 50	45 40	45 15	44 95	44 70	44 50	44 25	44 05	43 80	43 65
22 50	46 40	46 20	46 »	45 75	45 55	45 25	45 05	44 80	44 60	44 45
23 »	47 25	47 05	46 85	46 60	46 35	46 05	45 85	45 60	45 35	45 20
23 50	48 10	47 90	47 65	47 40	47 15	46 85	46 60	46 35	46 10	45 95
24 »	48 95	48 75	48 50	48 20	47 95	47 65	47 40	47 15	46 90	46 70
24 50	49 80	49 60	49 30	49 05	48 75	48 45	48 20	47 95	47 65	47 45
25 »	50 65	50 40	50 15	49 85	49 60	49 25	49 »	48 70	48 40	48 20
25 50	51 50	51 25	50 95	50 70	50 40	50 05	49 75	49 50	49 20	48 95
26 »	52 35	52 10	51 80	51 50	51 20	50 85	50 55	50 25	49 95	49 70
26 50	53 20	52 95	52 65	52 30	52 »	51 65	51 35	51 05	50 75	50 50
27 »	54 05	53 80	53 45	53 15	52 80	52 45	52 15	51 80	51 50	51 25
27 50	54 90	54 60	54 30	53 95	53 65	53 25	52 90	52 60	52 25	52 »
28 »	55 75	55 45	55 10	54 80	54 45	54 05	53 70	53 35	53 05	52 85
28 50	56 60	56 30	55 95	55 60	55 25	54 85	54 40	54 15	53 80	53 70
Différ.	0 85	0 85	0 85	0 80	0 80	0 80	0 80	0 80	0 74	0 75

Prix du Pain provenant de 122 kilos 1/2 de toutes farines.

PRIX perpétuel des BLÉS par 100 k. brut.	Poids naturel de l'hect. de blé 80 k. rendement par º/₀ k.		Poids naturel de l'hect. de blé 81 k rendement par º/₀ k.		Poids naturel de l'hect. de blé 82 k. rendement par º/₀ k.		Poids naturel de l'hect. de blé 83 k. rendement par º/₀ k,		Poids naturel de l'hect. de blé 84 k. rendement par º/₀ k	
	80 k. »»	80 k. 500	81 k. »»	81 k. 500	82 k »»	82 k. 500	83 k. »»	83 k. 500	84 k. »»	84 k. 500
	Rendement en pain par sac de 122 k. 1/2 de farine.		Rendement en pain par sac de 122 k. 1/2 de farine		Rendement en pain par sac de 122 k. 1/2 de farine.		Rendement en pain par sac de 122 k. 1/2 de farine.		Rendement en pain par sac de 122 k. 1/2 de farine.	
	171 k. 500	172 k. »»	173 k. »»	173 k. 500	174 k. »»	174 k. 500	175 k. »»	176 k »»	176 k. 500	177 k. 500
	Prix du pain produit par un sac de 122 k. 1j2 de farine.	Prix du pain produit par un sac de 122 k. 1j2 de farine.	Prix du pain produit par un sac de 122 k. 1j2 de farine.	Prix du pain produit par un sac de 122 k. 1j2 de farine.	Prix du pain produit par un sac de 122 k. 1j2 de farine.	Prix du pain produit par un sac de 122 k. 1j2 de farine.	Prix du pain produit par un sac de 122 k. 1j2 de farine.	Prix du pain produit par un sac de 122 k. 1j2 de farine.	Prix de pain produit par un sac de 122 k. 1/2 de farine.	Prix du pain produit par un sac de 122 k. 1j2 de farine.
fr. c.	fr. c.	fr. c.	fr. c.	fr. c.	fr. c.	fr. c.	fr. c.	fr. c.	fr. c.	fr. c.
29 »	57 45	57 15	56 80	56 40	56 05	55 65	55 30	54 95	54 55	54 25
29 50	58 30	58 00	57 60	57 25	56 85	56 45	58 10	55 70	55 35	55 »
30 »	59 15	58 80	58 45	58 05	57 70	57 25	56 85	56 50	56 10	55 75
30 50	60 »	59 65	59 25	58 90	58 50	58 05	57 65	57 25	56 85	56 50
31 »	60 85	60 50	60 10	59 70	59 30	58 85	58 45	58 05	57 65	57 30
31 50	61 70	61 35	60 95	60 50	60 10	59 65	59 25	58 80	58 40	58 05
32 »	62 55	62 20	61 75	61 35	60 90	60 45	60 »	59 60	59 20	58 80
32 50	63 40	63 »	62 60	62 15	61 75	61 25	60 80	60 35	59 95	59 55
33 »	64 25	63 85	63 40	63 »	62 55	62 05	61 60	61 15	60 70	60 30
33 50	65 10	64 70	64 25	63 80	63 35	62 85	62 40	61 95	61 50	61 05
34 »	65 95	65 55	65 10	64 50	64 15	63 65	63 15	62 70	62 25	61 80
34 50	66 80	66 40	65 90	65 45	64 95	64 45	63 95	63 50	63 »	62 55
35 »	67 70	67 20	66 75	66 25	65 80	65 20	64 75	64 25	63 80	63 35
35 50	68 55	68 05	67 55	67 10	66 60	66 »	65 55	65 05	64 55	64 10
36 »	69 40	68 90	68 40	67 90	67 40	66 80	66 30	65 80	65 30	64 85
36 50	70 25	69 75	69 25	68 70	68 20	67 60	67 10	66 60	66 10	65 60
37 »	71 10	70 60	70 05	69 55	69 «	68 40	67 90	67 40	66 85	66 35
37 50	71 95	71 40	70 90	70 35	69 85	69 20	68 70	68 15	67 60	67 10
38 »	72 80	72 20	71 70	71 20	70 65	70 »	69 45	68 95	68 40	67 85
38 50	73 65	73 10	72 55	72 »	71 45	70 80	70 25	69 70	69 15	68 60
39 »	74 50	73 95	73 40	72 80	72 25	71 60	71 05	70 50	69 95	69 40
39 50	75 35	74 80	74 20	73 65	73 05	72 40	71 85	71 25	70 70	70 15
40 »	76 20	75 60	75 05	74 45	73 90	73 20	72 60	72 05	71 45	70 90
40 50	77 05	76 45	75 85	75 30	74 70	74 »	73 40	72 80	72 25	71 65
41 »	77 90	77 30	76 70	76 10	75 50	74 80	74 20	73 60	73 »	72 40
Différ.	0 85	0 85	0 85	0 80	0 80	0 80	0 80	0 80	0 75	0 75

PRIX PERPÉTUEL DU PAIN

Prix du Pain provenant de 125 kilos de toutes farines.

PRIX perpétuel des BLÉS par 100 k. brut.	Poids naturel de l'hect. de blé 65 k. rendement par °/° k.		Poids naturel de l'hect. de blé 66 k. rendement par °/° k.		Poids naturel de l'hect. de blé 67 k. rendement par °/° k.		Poids naturel de l'hect. de blé 68 k. rendement par °/° k.		Poids naturel de l'hect. de blé 69 k. rendement par °/° k.	
	65 k. »»	65 k. 500	66 k. »»	66 k. 500	67 k. »»	67 k. 500	68 k. »»	68 k. 500	69 k. »»	69 k. 500
	Rendement en pain par sac de 125 k. de farine.		Rendement en pain par sac de 125 k. de farine.		Rendement en pain par sac de 125 k. de farine.		Rendement en pain par sac de 125 k. de farine.		Rendement en pain par sac de 125 k. de farine.	
	156 k. »»	157 k. »»	157 k. 500	158 k. »»	159 k. »»	159 k. 500	160 k. »»	160 k. 500	161 k. »»	162 k. »»
	Prix du pain produit par un sac de 125 k. de farine.	Prix du pain produit par un sac de 125 k. de farine.	Prix du pain produit par un sac de 125 k. de farine.	Prix du pain produit par un sac de 125 k. de farine.	Prix du pain produit par un sac de 125 k. de farine.	Prix du pain produit par un sac de 125 k. de farine.	Prix du pain produit par un sac de 125 k. de farine.	Prix du pain produit par un sac de 125 k. de farine.	Prix du pain produit par un sac de 125 k. de farine.	Prix du pain produit par un sac de 125 k. de farine.
fr. c.	fr. c.	fr. c.	fr. c.	fr. c.	fr. c.	fr. c.	fr. c.	fr. c.	fr. c.	fr. c.
16 »	38 80	38 50	38 30	38 10	37 90	37 70	37 50	37 30	37 10	36 90
16 50	40 »	39 70	39 45	39 25	39 05	38 85	38 65	38 45	38 20	38 »
17 »	41 15	40 85	40 65	40 40	40 20	40 »	39 75	39 55	39 35	39 10
17 50	42 35	42 05	41 80	41 60	41 35	41 15	40 90	40 70	40 45	40 25
18 »	43 55	43 20	43 »	42 75	42 50	42 30	42 05	41 80	41 60	41 35
18 50	44 75	44 40	44 15	43 90	43 65	43 45	43 20	42 95	42 70	42 45
19 »	45 90	45 55	45 30	45 05	44 80	44 60	44 30	44 05	43 80	43 55
19 50	47 10	46 75	46 50	46 25	46 »	45 70	45 45	45 20	44 95	44 70
20 »	48 30	47 90	47 65	47 40	47 15	46 85	46 60	46 30	46 05	45 80
20 50	49 45	49 10	48 85	48 55	48 30	48 »	47 70	47 45	47 20	46 90
21 »	50 65	50 30	50 »	49 70	49 45	49 15	48 85	48 60	48 30	48 »
21 50	51 85	51 45	51 15	50 90	50 60	50 30	50 »	49 70	49 40	49 15
22 »	53 05	52 65	52 35	52 05	51 75	51 45	51 15	50 85	50 55	50 25
22 50	54 20	53 80	53 50	53 20	52 90	52 60	52 25	51 95	51 65	51 35
23 »	55 40	55 »	54 70	54 35	54 05	53 75	53 40	53 10	52 80	52 45
23 50	56 60	56 15	55 85	55 55	55 20	54 90	54 55	54 20	53 90	53 60
24 »	57 80	57 35	57 »	56 70	56 35	56 05	55 70	55 35	55 »	54 70
24 50	58 95	58 55	58 20	57 85	57 50	57 20	56 80	56 50	56 15	55 80
25 »	60 15	59 70	59 35	59 »	58 65	58 35	57 95	57 60	57 25	56 90
25 50	61 35	60 90	60 55	60 20	59 85	59 45	59 10	58 75	58 40	58 05
26 »	62 50	62 05	61 70	61 35	61 »	60 60	60 20	59 85	59 50	59 15
26 50	63 70	63 25	62 85	62 50	62 15	61 75	61 35	61 »	60 60	60 25
27 »	64 90	64 40	64 05	63 65	63 30	62 90	62 50	62 10	61 75	61 35
27 50	66 10	65 60	65 20	64 85	64 45	64 05	63 65	63 25	62 85	62 50
28 »	67 25	66 75	66 40	66 »	65 60	65 20	64 75	64 35	64 »	63 60
28 50	68 45	67 95	67 55	67 15	66 75	66 35	65 90	65 50	65 10	64 70
Différ.		1 20	1 15	1 15	1 15	1 15	1 15	1 15	1 10	1 10

PRIX PERPÉTUEL DU PAIN

Prix du Pain provenant de 125 kilos de toutes farines.

PRIX perpétuel des BLÉS par 100 k. brut.	Poids naturel de l'hect. de blé 65 k. rendement par °/₀ k.		Poids naturel de l'hect. de blé 66 k. rendement par °/₀ k.		Poids naturel de l'hect. de blé 67 k. rendement par °/₀ k.		Poids naturel de l'hect. de blé 68 k. rendement par °/₀ k.		Poids naturel de l'hect. de blé 69 k. rendement par °/₀ k.	
	65 k. »»	65 k. 500	66 k. »»	66 k. 500	67 k. »»»	67 k. 500	68 k. »»	68 k. 500	69 k. »»»	69 k. 500
	Rendement en pain par sac de 125 k. de farine.		Rendement en pain par sac de 125 k. de farine.		Rendement en pain par sac de 125 k. de farine.		Rendement en pain par sac de 125 k. de farine.		Rendement en pain par sac de 125 k. de farine.	
	156 k. »»	157 k. »»»	157 k. 500	158 k. »»	159 k. »»	159 k. 500	160 k. »»»	160 k. 500	161 k. »»	162 k. »»
	Prix du pain produit par un sac de 125 k. de farine.	Prix du pain produit par un sac de 125 k. de farine.	Prix du pain produit par un sac de 125 k. de farine.	Prix du pain produit par un sac de 125 k. de farine.	Prix du pain produit par un sac de 125 k. de farine.	Prix du pain produit par un sac de 125 k. de farine.	Prix du pain produit par un sac de 125 k. de farine.	Prix du pain produit par un sac de 125 k. de farine.	Prix du pain produit par un sac de 125 k. de farine.	Prix du pain produit par un sac de 125 k. de farine.
fr. c.	fr. c.	fr. c.	fr. c.	fr. c.	fr. c.	fr. c.	fr. c.	fr. c.	fr. c.	fr. c.
20 »	69 65	69 15	68 70	68 30	67 90	67 50	67 05	66 65	66 20	65 80
29 50	70 80	70 30	69 90	69 45	69 05	68 65	68 15	67 75	67 35	66 90
30 »	72 »	71 50	71 05	70 65	70 20	69 80	69 30	68 90	68 45	68 05
30 50	73 20	72 65	72 25	71 80	71 35	70 95	70 45	70 »	69 60	69 15
31 »	74 40	73 85	73 40	72 95	72 50	72 10	71 60	71 15	70 70	70 25
31 50	75 55	75 »	74 55	74 10	73 65	73 25	72 70	72 25	71 80	71 35
32 »	76 75	76 20	75 75	75 30	74 85	74 35	73 85	73 40	72 95	72 50
32 50	77 95	77 35	76 90	76 45	76 »	75 50	75 »	74 50	74 05	73 60
33 »	79 10	78 55	78 10	77 60	77 15	76 65	76 10	75 65	75 20	74 70
33 50	80 30	79 75	79 25	78 75	78 30	77 80	77 25	76 80	76 30	75 80
34 »	81 50	80 90	80 40	79 95	79 45	78 95	78 40	77 90	77 40	76 95
34 50	82 70	82 10	81 60	81 10	80 60	80 10	79 55	79 05	78 55	78 05
35 »	83 85	83 25	82 75	82 25	81 75	81 25	80 65	80 15	79 65	79 15
35 50	85 05	84 45	83 95	83 40	82 90	82 40	81 80	81 30	80 80	80 25
36 »	86 25	85 60	85 10	84 60	84 05	83 55	82 95	82 40	81 90	81 40
36 50	87 45	86 80	86 25	85 75	85 20	84 70	84 10	83 55	83 »	82 50
37 »	88 60	88 »	87 45	86 90	86 35	85 85	85 20	84 70	84 15	83 60
37 50	89 80	89 15	88 60	88 05	87 50	87 »	86 35	85 80	85 25	84 70
38 »	91 »	90 35	89 80	89 20	88 70	88 10	87 50	86 95	86 40	85 85
38 50	92 15	91 50	90 95	90 40	89 85	89 25	88 60	88 05	87 50	86 95
39 »	93 35	92 70	92 10	91 55	91 »	90 40	89 75	89 20	88 60	88 05
39 50	94 55	93 85	93 30	92 70	92 15	91 55	90 90	90 30	89 75	89 15
40 »	95 75	95 05	94 45	93 90	93 30	92 70	92 05	91 45	90 85	90 30
40 50	96 90	96 20	95 65	95 05	94 45	93 85	93 15	92 55	92 »	91 40
41 »	98 10	97 40	96 80	96 20	95 60	95 »	94 30	93 70	93 10	92 50
Différ.	1 20	1 20	1 15	1 15	1 15	1 15	1 15	1 15	1 10	1 10

PRIX PERPÉTUEL DU PAIN

Prix du Pain provenant de 125 kilos de toutes farines.

PRIX perpétuel des BLÉS par 100 k. brut.	Poids naturel de l'hect. de blé 70 k. rendement par %k.		Poids naturel de l'hect. de blé 71 k. rendement par %k.		Poids naturel de l'hect. de blé 72 k. rendement par %k.		Poids naturel de l'hect. de blé 73 k. rendement par %k.		Poids naturel de l'hect. de blé 74 k. rendement par %.	
	70 k.»»	70 k.500	71 k.»»	71 k.500	72 k.»»	72 k.500	73 k.»»	73 k.500	74 k.»»	74 k.500
	Rendement en pain par sac de 125 k. de farine. 162k.500	163 k.»»	Rendement en pain par sac de 125 k. de farine. 164 k.»»	164k.500	Rendement en pain par sac de 125 k. de farine. 165 k.»»	165k.500	Rendement en pain par sac de 125 k. de farine. 166 k.»»	167 k.»»	Rendement en pain par sac de 125 k. de farine. 167k.500	168 k.»»
	Prix du pain produit par un sac de 125 k. de farine.	Prix du pain produit par un sac de 125 k. de farine.	Prix du pain produit par un sac de 125 k. de farine.	Prix du pain produit par un sac de 125 k. de farine.	Prix du pain produit par un sac de 125 k. de farine.	Prix du pain produit par un sac de 125 k. de farine.	Prix du pain produit par un sac de 125 k. de farine.	Prix du pain produit par un sac de 125 k. de farine.	Prix du pain produit par un sac de 125 k. de farine.	Prix du pain produit par un sac de 125 k. de farine.
fr. c.	fr. c.	fr. c.	fr. c.	fr. c.	fr. c.	fr. c.	fr. c.	fr. c.	fr. c.	fr. c.
16 »	36 70	36 40	36 20	36 »	35 80	35 60	35 40	35 20	35 »	34 80
16 50	37 80	37 50	37 30	37 10	36 85	36 65	36 45	36 25	36 05	35 85
17 »	38 90	38 60	38 40	38 15	37 95	37 70	37 50	37 30	37 10	36 85
17 50	40 »	39 70	39 45	39 25	39 »	38 80	38 55	38 35	38 10	37 90
18 »	41 10	40 80	40 55	40 30	40 10	39 85	39 60	39 40	39 15	38 90
18 50	42 20	41 90	41 65	41 40	41 10	40 90	40 65	40 45	40 20	39 95
19 »	43 30	43 »	42 75	42 50	42 25	41 95	41 70	41 50	41 25	41 »
19 50	44 40	44 05	43 80	43 55	43 30	43 05	42 80	42 50	42 25	42 »
20 »	45 50	45 20	44 90	44 65	44 40	44 10	43 85	43 55	43 30	43 05
20 50	46 60	46 25	46 »	45 70	45 45	45 15	44 90	44 60	44 35	44 05
21 »	47 70	47 35	47 10	46 80	46 50	46 20	45 95	45 65	45 40	45 10
21 50	48 80	48 45	48 15	47 90	47 60	47 30	47 »	46 70	46 40	46 15
22 »	49 90	49 55	49 25	48 95	48 65	48 35	48 05	47 75	47 45	47 15
22 50	51 05	50 65	50 35	50 05	49 75	49 40	49 10	48 80	48 50	48 20
23 »	52 15	51 75	51 45	51 10	50 80	50 45	50 15	49 85	49 55	49 20
23 50	53 25	52 85	52 50	52 20	51 90	51 55	51 20	50 90	50 55	50 25
24 »	54 35	53 95	53 60	53 30	52 95	52 60	52 25	51 95	51 60	51 30
24 50	55 45	55 05	54 70	54 35	54 »	53 65	53 30	53 »	52 65	52 30
25 »	56 55	56 15	55 80	55 45	55 10	54 70	54 35	54 05	53 70	53 35
25 50	57 65	57 25	56 85	56 50	56 15	55 80	55 45	55 05	54 70	54 35
26 »	58 75	58 30	57 95	57 60	57 25	56 85	56 50	56 10	55 75	55 40
26 50	59 85	59 40	59 05	58 70	58 30	57 90	57 55	57 15	56 80	56 45
27 »	60 95	60 50	60 15	59 75	59 40	58 95	58 60	58 20	57 85	57 45
27 50	62 05	61 60	61 20	60 85	60 45	60 05	59 65	59 25	58 85	58 50
28 »	63 15	62 70	62 30	61 90	61 55	61 10	60 70	60 30	59 90	59 50
28 50	64 25	63 80	63 40	63 »	62 60	62 15	61 75	61 35	60 95	60 85
Différ.	1 10	1 10	1 10	1 10	1 05	1 05	1 05	1 05	1 05	1 05

PRIX PERPETUEL DU PAIN

Prix du Pain provenant de 125 kilos de toutes farines.

PRIX perpétuel des BLÉS par 100 k. brut.	Poids naturel de l'hect. de blé 70 k. rendement par °/₀ k.		Poids naturel de l'hect. de blé 71 k. rendement par °/₀ k.		Poids naturel de l'hect. de blé 72 k. rendement par °/₀ k.		Poids naturel de l'hect. de blé 73 k. rendement par °/₀ k.		Poids naturel de l'hect. de blé 74 k. rendement par °/₀ k.	
	70 k. »»	70 k. 500	71 k. »»	71 k. 500	72 k. »»	72 k. 500	73 k. »»	73 k. 500	74 k. »»	74 k. 500
	Rendement en pain par sac de 125 k. de farine.		Rendement en pain par sac de 125 k. de farine.		Rendement en pain par sac de 125 k. de farine.		Rendement en pain par sac de 125 k. de farine.		Rendement en pain par sac de 125 k. de farine.	
	162k.500	163 k. »»	164 k. »»	164k.500	165 k. »»	165k.500	166 k. »»	167 k. »»	167k.500	168 k. »»
	Prix du pain produit par un sac de 125 k. de farine.	Prix du pain produit par un sac de 125 k. de farine.	Prix du pain produit par un sac de 125 k. de farine.	Prix du pain produit par un sac de 125 k. de farine.	Prix du pain produit par un sac de 125 k. de farine.	Prix du pain produit par un sac de 125 k. de farine.	Prix du pain produit par un sac de 125 k. de farine.	Prix du pain produit par un sac de 125 k. de farine.	Prix du pain produit par un sac de 125 k. de farine.	Prix du pain produit par un sac de 125 k. de farine.
fr. c.	fr. c.	fr. c.	fr. c.	fr. c.	fr. c.	fr. c.	fr. c.	fr. c.	fr. c.	fr. c.
29 »	65 35	64 90	64 50	64 10	63 65	63 20	62 80	62 40	62 »	61 60
29 50	66 45	66 »	65 60	65 15	64 75	64 25	63 85	63 45	63 05	62 60
30 »	67 55	67 10	66 65	66 25	65 80	65 35	64 90	64 50	64 05	63 65
30 50	68 65	68 20	67 75	67 30	66 90	66 40	65 95	65 55	65 10	64 65
31 »	69 75	69 30	68 85	68 40	67 95	67 45	67 »	66 60	66 15	65 70
31 50	70 85	70 40	69 95	69 50	69 05	68 50	68 05	67 65	67 20	66 75
32 »	71 95	71 45	71 »	70 55	70 10	69 60	69 15	68 65	68 20	67 75
32 50	73 05	72 55	72 10	71 65	71 20	70 63	70 20	69 70	69 25	68 80
33 »	74 15	73 65	73 20	72 70	72 25	71 70	71 25	70 75	70 30	69 80
33 50	75 25	74 75	74 30	73 80	73 30	72 75	72 30	71 80	71 35	70 85
34 »	76 35	75 85	75 35	74 90	74 40	73 85	73 35	72 85	72 35	71 90
34 50	77 45	76 95	76 45	75 95	75 45	74 90	74 40	73 90	73 40	72 90
35 »	78 60	78 05	77 55	77 05	76 55	75 95	75 45	74 95	74 45	73 95
35 50	79 70	79 15	78 65	78 10	77 60	77 »	76 50	76 »	75 50	74 95
36 »	80 80	80 25	79 70	79 20	78 70	78 10	77 55	77 05	76 50	76 »
36 50	81 90	81 35	80 80	80 30	79 75	79 15	78 60	78 10	77 55	77 05
37 »	83 »	82 45	81 90	81 35	80 80	80 20	79 65	79 15	78 60	78 05
37 50	84 10	83 55	83 »	82 45	81 90	81 25	80 70	80 20	79 65	79 10
38 »	85 20	84 60	84 05	83 50	82 95	82 35	81 80	81 20	80 65	80 10
38 50	86 30	85 70	85 15	84 60	84 05	83 40	82 85	82 25	81 70	81 15
39 »	87 40	86 80	86 25	85 70	85 10	84 45	83 90	83 30	82 75	82 20
39 50	88 50	87 90	87 35	86 75	86 20	85 50	84 95	84 35	83 80	83 20
40 »	89 60	89 »	88 40	87 85	87 25	86 60	86 »	85 40	84 80	84 25
40 50	90 70	90 10	89 50	88 90	88 35	87 65	87 05	86 45	85 85	85 25
41 »	91 80	91 20	90 60	90 »	89 40	88 70	88 10	87 50	86 90	86 30
Différ.	1 10	1 10	1 10	1 10	1 05	1 05	1 05	1 05	1 05	1 05

PRIX PERPÉTUEL DU PAIN

Prix du Pain provenant de 125 kilos de toutes farines.

PRIX perpétuel des BLÉS par 100 k. brut.	Poids naturel de l'hect. de blé 75 k. rendement par %k.		Poids naturel de l'hect. de blé 76 k. rendement par %k.		Poids naturel de l'hect. de blé 77 k. rendement par %k.		Poids naturel de l'hect. de blé 78 k. rendement par %k.		Poids naturel de l'hect. de blé 79 k. rendement par %k.	
	75 k.»»	75 k.500	76 k.»»	76 k.500	77 k.»»	77 k.500	78 k.»»	78 k.500	79 k.»»	79 k.500
	Rendement en pain par sac de 125 k. de farine.		Rendement en pain par sac de 125 k. de farine.		Rendement en pain par sac de 125 k. de farine.		Rendement en pain par sac de 125 k. de farine.		Rendement en pain par sac de 125 k. de farine.	
	169k.»»	169k.500	170 k.»»	170k.500	171k.500	172 k.»»	172k.500	173 k.»»	174 k.»»	174k.»»
	Prix du pain produit par un sac de 125 k. de farine.	Prix du pain produit par un sac de 125 k. de farine.	Prix du pain produit par un sac de 125 k. de farine.	Prix du pain produit par un sac de 125 k. de farine.	Prix du pain produit par un sac de 125 k. de farine.	Prix du pain produit par un sac de 125 k. de farine.	Prix du pain produit par un sac de 125 k. de farine.	Prix du pain produit par un sac de 125 k. de farine.	Prix du pain produit par un sac de 125 k. de farine.	Prix de pain produit par un sac de 125 k. de farine.
fr. c.	fr. c.	fr. c.	fr. c.	fr. c.	fr. c.	fr. c.	fr. c.	fr. c.	fr. c.	fr. c.
16 »	34 60	34 40	34 10	34 »	33 70	33 50	33 30	33 10	32 90	32 70
16 50	35 60	35 40	35 10	35 »	34 70	34 50	34 25	34 05	33 85	33 65
17 »	36 65	36 40	35 10	36 »	35 70	35 45	35 25	35 05	34 80	34 60
17 50	37 05	37 45	37 10	37 »	36 65	36 45	36 20	36 »	35 75	35 55
18 »	38 70	38 45	38 10	38 »	37 65	37 40	37 20	36 95	36 70	36 50
18 50	39 70	39 45	39 15	39 »	38 65	38 40	38 15	37 90	37 70	37 45
19 »	40 70	40 45	40 15	40 »	39 65	39 40	39 15	38 90	38 65	38 40
19 50	41 75	41 50	41 15	40 95	40 60	40 35	40 10	39 85	39 60	39 30
20 »	42 75	42 50	42 15	41 95	41 60	41 35	41 10	40 80	40 55	40 25
20 50	43 80	43 50	43 15	42 95	42 60	42 30	42 05	41 80	41 50	41 20
21 »	44 80	44 50	44 15	43 95	43 60	43 30	43 »	42 75	42 45	42 15
21 50	45 80	45 55	45 15	44 95	44 55	44 30	44 »	43 70	43 40	43 10
22 »	46 85	46 55	46 15	45 95	45 55	45 25	44 95	44 65	44 35	44 05
22 50	47 85	47 55	47 20	46 95	46 55	46 25	45 95	45 65	45 35	45 »
23 »	48 90	48 55	48 20	47 95	47 55	47 20	46 90	46 60	46 30	45 95
23 50	49 90	49 60	49 20	48 95	48 50	48 20	47 90	47 55	47 25	46 90
24 »	50 90	50 60	50 20	49 95	49 50	49 20	48 85	48 50	48 20	47 85
24 50	51 90	51 60	51 20	50 95	50 50	50 15	49 80	49 50	49 15	48 80
25 »	52 95	52 60	52 20	51 95	51 50	51 15	50 80	50 45	50 10	49 75
25 50	54 »	53 65	53 20	52 90	52 45	52 10	51 75	51 40	51 05	50 65
26 »	55 »	54 65	54 20	53 90	53 45	53 10	52 75	52 40	52 »	51 60
26 50	56 »	55 65	55 25	54 90	54 45	54 10	53 70	53 35	53 »	52 55
27 »	57 05	56 65	56 25	55 90	55 45	55 05	54 70	54 30	53 95	53 50
27 50	58 05	57 70	57 25	56 90	56 40	56 05	55 65	55 25	54 90	54 45
28 »	59 10	58 70	58 25	57 90	57 40	57 »	56 65	56 25	55 85	55 40
28 50	60 10	59 70	59 25	58 90	58 40	58 »	57 60	57 20	56 80	56 35
Différ.	1 »	1 »	1 »	1 »	1 »	1 »	0 95	0 95	0 95	0 95

PRIX PERPÉTUEL DU PAIN

Prix du Pain provenant de 125 kilos de toutes farines.

PRIX perpétuel des BLÉS par 100 k. brut.	Poids naturel de l'hect. de blé 75 k. rendement par °/₀ k.		Poids naturel de l'hect. de blé 76 k. rendement par °/₀ k.		Poids naturel de l'hect. de blé 77 k. rendement par °/₀ k.		Poids naturel de l'hect. de blé 78 k. rendement par °/₀ k.		Poids naturel de l'hect. de blé 79 k. rendement par °/₀ k.	
	75 k. »» / 169 k. »»	75 k. 500 / 160 k. 500	76 k. »» / 170 k. »»	76 k. 500 / 170 k. 500	77 k. »» / 171 k. 500	77 k. 500 / 172 k. »	78 k. »» / 172 k. 500	78 k. 500 / 173 k. »	79 k. »» / 174 k. »»	79 k. 500 / 174 k. 500
	Prix du pain produit par un sac de 125 k. de farine.	Prix du pain produit par un sac de 125 k. de farine.	Prix du pain produit par un sac de 125 k. de farine.	Prix du pain produit par un sac de 125 k. de farine.	Prix du pain produit par un sac de 125 k. de farine.	Prix du pain produit par un sac de 125 k. de farine.	Prix du pain produit par un sac de 125 k. de farine.	Prix du pain produit par nn sac de 125 k. de farine.	Prix du pain produit par un sac de 125 k. de farine.	Prix du pain produit par un sac de 125 k. de farine.
fr. c.	fr. c.	fr. c.	fr. c.	fr. c.	fr. c.	fr. c.	fr. c.	fr. c.	fr. c.	fr. c.
29 »	61 10	60 70	60 25	59 90	59 40	59 »	58 55	58 15	57 75	57 30
29 50	62 15	61 70	61 25	60 90	60 40	59 95	59 55	59 15	58 70	58 25
30 »	63 15	62 75	62 25	61 90	61 35	60 95	60 50	60 10	59 65	59 20
30 50	64 20	63 75	63 25	62 90	62 35	61 90	61 50	61 05	60 60	60 15
31 »	65 20	64 75	64 30	63 90	63 35	62 90	62 45	62 »	61 60	61 10
31 50	66 20	65 75	65 30	64 90	64 35	63 90	63 45	63 »	62 55	62 05
32 »	67 25	66 80	66 30	65 85	65 30	64 85	64 40	63 95	63 50	62 95
32 50	68 25	67 80	67 30	66 85	66 30	65 85	65 40	64 90	64 45	63 90
33 »	69 30	68 80	68 30	67 85	67 30	66 80	66 35	65 90	65 40	64 85
33 50	70 30	69 80	69 30	68 85	68 30	67 80	67 30	66 85	66 35	65 80
34 »	71 30	70 85	70 30	69 85	69 25	68 80	68 30	67 80	67 30	66 75
34 50	72 35	71 85	71 30	70 85	70 25	69 75	69 25	68 75	68 25	67 70
35 »	73 35	72 85	72 35	71 85	71 25	70 75	70 25	69 75	69 25	68 65
35 50	74 40	73 85	73 35	72 85	72 25	71 70	71 20	70 70	70 20	69 60
36 »	75 40	74 90	74 35	73 85	73 20	72 70	72 20	71 65	71 15	70 55
36 50	76 40	75 90	75 35	74 85	74 20	73 70	73 15	72 60	72 10	71 50
37 »	77 45	76 90	76 35	75 85	75 20	74 65	74 10	73 60	73 05	72 45
37 50	78 45	77 90	77 35	76 85	76 20	75 65	75 10	74 55	74 »	73 40
38 »	79 50	78 95	78 35	77 80	77 15	76 60	76 05	75 50	74 95	74 30
38 50	80 50	79 95	79 35	78 80	78 15	77 60	77 05	76 50	75 90	75 25
39 »	81 50	80 95	80 40	79 80	79 15	78 60	78 »	77 45	76 90	76 20
39 50	82 55	81 95	81 40	80 80	80 15	79 55	79 »	78 40	77 85	77 15
40 »	83 55	83 »	82 40	81 80	81 10	80 55	79 95	79 35	78 80	78 10
40 50	84 60	84 »	83 40	82 80	82 10	81 50	80 95	80 35	79 75	79 05
41 »	85 60	85 »	84 40	83 80	83 10	82 50	81 90	81 30	80 70	80 »
Différ.	1 »	1 »	1 »	1 »	1 »	1 »	0 95	0 95	0 95	0 95

PRIX PERPÉTUEL DU PAIN

Prix du Pain provenant de 125 kilos de toutes farines.

PRIX perpétuel des BLÉS par 100 k. brut.	Poids naturel de l'hect. de blé 80 k. rendement par %k.		Poids naturel de l'hect. de blé 81 k. rendement par %k.		Poids naturel de l'hect. do blé 82 k. rendement par%k.		Poids naturel de l'hect. de blé 83 k. rendement par %k.		Poids naturel de l'hect. de blé 84 k. rendement par %k.	
	80 k. »»	80 k. 500	81 k. »»	81 k. 500	82 k. »»	82 k. 500	83 k. »»	83 k. 500	84 k. »»	84 k. 500
	Rendement en pain par sac de 100 k. de farine. 175 k. »»	175 k. 500	Rendement en pain par sac de 100 k. de farine. 176 k. »»	177 k. 500	Rendement en pain par sac de 100 k. de farine. 177 k. 500	178 k. »»	Rendement en pain par sac de 100 k. de farine. 179 k. »»	179 k. 500	Rendement en pain par sac de 100 k. de farine. 180 k »»	180 k. 500
	Prix du pain produit par un sac de 125 k. de farine.	Prix du pain produit par un sac de 125 k. de farine.	Prix du pain produit par un sac de 125 k. de farine.	Prix du pain produit par un sac de 125 k. de farine.	Prix du pain produit par un sac de 125 k. de farine.	Prix du pain produit par un sac de 125 k. de farine.	Prix du pain produit par un sac de 125 k. de farine.	Prix du pain produit par un sac de 125 k. de farine.	Prix du pain produit par un sac de 125 k. de farine.	Prix du pain produit par un sac de 125 k. de farine.
fr. c.	fr. c.	fr. c.	fr. c.	fr. c.	fr. c.	fr. c.	fr. c.	fr. c.	fr. c.	fr. c.
16 »	32 50	32 20	32 »	31 80	31 60	31 40	31 20	31 »	30 80	30 60
16 50	33 45	33 15	32 90	32 70	32 50	32 30	32 10	31 90	31 65	31 45
17 »	34 40	34 05	33 85	33 65	33 40	33 20	33 »	32 75	32 55	32 35
17 50	35 30	35 »	34 75	34 55	34 30	34 10	33 85	33 65	33 40	33 20
18 »	36 25	35 95	35 70	35 45	35 20	35 »	34 75	34 50	34 30	34 05
18 50	37 20	36 85	36 60	36 35	36 15	35 90	35 65	35 40	35 15	34 90
19 »	38 15	37 80	37 55	37 30	37 05	36 80	36 55	36 30	36 05	35 80
19 50	39 05	38 70	38 45	38 20	37 95	37 70	37 45	37 15	36 90	36 65
20 »	40 »	39 65	39 40	39 10	38 85	38 60	38 30	38 05	37 80	37 50
20 50	40 95	40 60	40 30	40 05	39 75	39 50	39 20	38 90	38 65	38 40
21 »	41 90	41 50	41 25	40 95	40 65	40 40	40 10	39 80	39 55	39 25
21 50	42 80	42 45	42 15	41 85	41 55	41 30	41 »	40 70	40 40	40 10
22 »	43 75	43 40	43 10	42 75	42 45	42 20	41 90	41 55	41 25	40 95
22 50	44 70	44 30	44 »	43 70	43 40	43 05	42 75	42 45	42 15	41 85
23 »	45 65	45 25	44 95	44 60	44 30	43 95	43 65	43 30	43 »	42 70
23 50	46 55	46 20	45 85	45 50	45 20	44 85	44 55	44 20	43 90	43 55
24 »	47 50	47 10	46 80	46 40	46 10	45 75	45 45	45 10	44 75	44 40
24 50	48 45	48 05	47 70	47 35	47 »	46 65	46 35	45 95	45 60	45 30
25 »	49 40	49 »	48 65	48 25	47 90	47 55	47 20	46 85	46 50	46 15
25 50	50 30	49 90	49 55	49 15	48 80	48 45	48 10	47 70	47 35	47 »
26 »	51 25	50 85	50 50	50 10	49 70	49 35	49 »	48 60	48 25	47 90
26 50	52 20	51 75	51 40	51 »	50 65	50 25	49 90	49 50	49 10	48 75
27 »	53 15	52 70	52 35	51 90	51 55	51 15	50 80	50 35	50 »	49 60
27 50	54 05	53 65	53 25	52 80	52 45	52 05	51 65	51 25	50 85	50 45
28 »	55 »	54 55	54 20	53 75	53 35	52 95	52 55	52 10	51 75	51 35
28 50	55 95	55 50	55 10	54 65	54 25	53 85	53 45	53 »	52 60	52 20
Différ.	0 95	0 95	0 90	0 90	0 90	0 90	0 90	0 90	0 85	0 85

Prix du Pain provenant de 125 kilos de toutes farines.

PRIX perpétuel des BLÉS par 100 k. brut.	Poids naturel de l'hect. de blé 80 k. rendement par %k. — 80 k.»» / 80 k.500		Poids naturel de l'hect. de blé 81 k. rendement par %k. — 81 k.»» / 81 k.500		Poids naturel de l'hect. de blé 82 k. rendement par %k. — 82 k.»» / 82 k.500		Poids naturel de l'hect. de blé 83 k. rendement par %k. — 83 k.»» / 83 k.500		Poids naturel de l'hect. de blé 84 k. rendement par %k. — 84 k.»» / 84 k.500	
	Rendement en pain par sac de 125 k. de farine. 175 k.»»	175 k.500	176 k.»»	177 k.»»	177 k.500	178 k.»»	179 k.»»	179 k.500	180 k.»»	180 k.500
	Prix du pain produit par un sac de 125 k. de farine.	Prix du pain produit par un sac de 125 k. de farine.	Prix du pain produit par un sac de 125 k. de farine.	Prix du pain produit par un sac de 125 k. de farine.	Prix du pain produit par un sac de 125 k. de farine.	Prix du pain produit par un sac de 125 k. de farine.	Prix du pain produit par un sac de 125 k. de farine.	Prix du pain produit par un sac de 125 k. de farine.	Prix du pain produit par un sac de 125 k. de farine.	Prix du pain produit par un sac de 125 k. de farine.
fr. c.	fr. c.	fr. c.	fr. c.	fr. c.	fr. c.	fr. c.	fr. c.	fr. c.	fr. c.	fr. c.
29 »	56 90	56 45	56 »	55 55	55 15	54 75	54 35	53 90	53 45	53 05
29 50	57 85	57 35	56 95	56 50	56 05	55 65	55 25	54 75	54 35	53 95
30 »	58 75	58 30	57 85	57 40	56 95	56 55	56 10	55 65	55 20	54 80
30 50	59 70	59 25	58 80	58 30	57 85	57 45	57 »	56 50	56 10	55 65
31 »	60 65	60 15	69 70	59 20	58 80	58 35	57 90	57 40	56 95	56 50
31 50	61 60	61 10	60 65	60 15	59 70	59 25	58 80	58 30	57 85	57 40
32 »	62 50	62 »	61 55	61 05	60 60	60 15	59 70	59 15	58 70	58 25
32 50	63 45	62 95	62 50	61 95	61 50	61 05	60 55	60 05	59 60	59 10
33 »	64 40	63 90	63 40	62 90	62 40	61 95	61 45	60 90	60 45	60 »
33 50	65 35	64 80	64 35	63 80	63 30	62 85	62 35	61 80	61 30	60 85
34 »	66 25	65 75	65 25	64 70	64 20	63 75	63 25	62 70	62 20	61 70
34 50	67 20	66 70	66 20	65 60	65 10	64 65	64 15	63 55	63 05	62 55
35 »	68 15	67 60	67 10	66 55	66 05	65 50	65 «	64 45	63 95	63 45
35 50	69 10	68 55	68 05	67 45	66 95	66 40	65 95	65 30	64 80	64 30
36 »	70 »	69 50	68 95	68 35	67 85	67 30	66 80	66 20	65 70	65 15
36 50	70 95	70 40	69 90	69 25	68 75	68 20	67 70	67 10	66 55	66 »
37 »	71 90	71 35	70 80	70 20	69 65	69 10	68 60	67 95	67 40	66 90
37 50	72 85	72 30	71 75	71 10	70 55	70 »	69 45	68 85	68 30	67 75
38 »	73 75	73 20	72 65	72 »	71 45	70 90	70 35	69 70	69 15	68 60
38 50	74 70	74 15	73 60	72 95	72 35	71 80	71 25	70 60	70 05	69 50
39 »	75 65	75 05	74 50	73 85	73 30	72 70	72 15	71 50	70 90	70 35
39 50	76 60	76 »	75 45	74 75	74 20	73 60	73 05	72 35	71 80	71 20
40 »	77 50	76 95	76 35	75 65	75 10	74 50	73 90	73 25	72 65	72 05
40 50	78 45	77 85	77 30	76 60	76 «	75 40	74 80	74 10	73 55	72 95
41 »	79 40	78 80	78 20	77 50	76 90	76 30	75 70	75 »	74 40	73 80
Différ.	0 95	0 95	0 90	0 90	0 90	0 90	0 90	0 90	0 85	0 85

PRIX PERPÉTUEL DU PAIN

Prix du Pain provenant de 159 kilos de toutes farines.

PRIX perpétuel des BLÉS par 100 k. brut.	Poids naturel de l'hect. de blé 65 k.		Poids naturel de l'hect. de blé 66 k.		Poids naturel de l'hect. de blé 67 k.		Poids naturel de l'hect. de blé 68 k.		Poids naturel de l'hect. de blé 69 k.	
	65 k.»»	65 k.500	66 k.»»	66 k.500	67 k.»»	67 k.500	68 k.»»	68 k.500	69 k.»»	69 k.500
	198 k.500	199 k.500	200 k.500	201 k.»»	202 k.»»	203 k.»»	203 k.500	204 k.500	205 k.500	206 k.»»
fr. c.	fr. c.	fr. c.	fr. c.	fr. c.	fr. c.	fr. c.	fr. c.	fr. c.	fr. c.	fr. c.
16 »	49 20	48 60	48 20	47 70	47 20	46 70	46 10	45 60	45 10	44 60
16 50	50 70	50 10	49 70	49 20	48 70	48 20	47 60	47 05	46 55	46 05
17 »	52 25	51 60	51 20	50 70	50 20	49 65	49 05	48 55	48 05	47 55
17 50	53 75	53 15	52 70	52 20	51 65	51 15	50 55	50 »	49 50	49 »
18 »	55 25	54 65	54 20	53 70	53 15	52 65	52 »	51 50	50 95	50 45
18 50	56 75	56 15	55 70	55 20	54 65	54 10	53 50	52 95	52 45	51 90
19 »	58 30	57 65	57 20	56 70	56 15	55 60	55 »	54 45	53 90	53 40
19 50	59 80	59 15	58 70	58 15	57 65	57 10	56 45	55 90	55 40	54 85
20 »	61 30	60 70	60 20	59 65	59 10	58 55	57 95	57 40	56 85	56 30
20 50	62 85	62 20	61 70	61 15	60 60	60 05	59 40	58 85	58 30	57 80
21 »	64 35	63 70	63 20	62 65	62 10	61 55	60 90	60 35	59 80	59 25
21 50	65 85	65 20	64 70	64 15	63 60	63 »	62 40	61 80	61 25	60 70
22 »	67 35	66 70	66 20	65 65	65 10	64 50	63 85	63 30	62 70	62 15
22 50	68 90	68 25	67 75	67 15	66 55	66 »	65 35	64 75	64 20	63 65
23 »	70 40	69 75	69 25	68 65	68 05	67 50	66 80	66 25	65 65	65 10
23 50	71 90	71 25	70 75	70 15	69 55	68 95	68 30	67 70	67 10	66 55
24 »	73 40	72 75	72 25	71 65	71 05	70 45	69 80	69 20	68 60	68 »
24 50	74 95	74 25	73 75	73 15	72 55	71 95	71 25	70 65	70 05	69 50
25 »	76 45	75 80	75 25	74 65	74 »	73 40	72 75	72 15	71 50	70 95
25 50	77 95	77 30	76 75	76 10	75 50	74 90	74 20	73 60	73 »	72 40
26 »	79 50	78 80	78 25	77 60	77 »	76 40	75 70	75 10	74 45	73 90
26 50	81 »	80 30	79 75	79 10	78 50	77 85	77 20	76 55	75 95	75 35
27 »	82 50	81 80	81 25	80 60	80 »	79 35	78 65	78 05	77 40	76 80
27 50	84 »	83 35	82 75	82 10	81 45	80 85	80 15	79 50	78 85	78 25
28 »	85 55	84 85	84 25	83 60	82 95	82 30	81 60	81 »	80 35	79 75
28 50	87 05	86 35	85 75	85 10	84 45	83 80	83 10	82 45	81 80	81 20
Différ.	1 50	1 50	1 50	1 50	1 50	1 50	1 50	1 45	1 45	1 45

Note : pour chaque groupe — rendement par °/o k. ; prix du pain produit par un sac de 159 k. de farine.

Prix du Pain provenant de 159 kilos de toutes farines.

PRIX perpétuel des BLÉS par 100 k. brut.	Poids naturel de l'hect. de blé 65 k. rendement par %k. 65k.»» / 65k.500 — Rendement en pain par sac de 159 k. de farine. 198k.500	199k.500	Poids naturel de l'hect. de blé 66 k. rendement par %k. 66k.»» / 66k.500 — Rendement en pain par sac de 159 k. de farine. 200k.500	201k.»»	Poids naturel de l'hect. de blé 67 k. rendement par %k. 67k.»» / 67k.500 — Rendement en pain par sac de 159 k. de farine. 202k.»»	203k.»»	Poids naturel de l'hect. de blé 68 k. rendement par %k. 68k.»» / 68k.500 — Rendement en pain par sac de 159 k. de farine. 203k.500	204k.500	Poids naturel de l'hect. de blé 69 k. rendement par %k. 69k.»» / 69k.500 — Rendement en pain par sac de 159 k. de farine. 205k.500	206k.»»
fr. c.	fr. c.	fr. c.	fr. c.	fr. c.	fr. c.	fr. c.	fr. c.	fr. c.	fr. c.	fr. c.
29 »	88 55	87 85	87 25	86 60	85 95	85 30	84 60	83 90	83 25	82 65
29 50	90 10	89 35	88 75	88 10	87 45	86 75	86 05	85 40	84 75	84 15
30 »	91 60	90 90	90 25	89 60	88 90	88 25	87 55	86 85	86 20	85 60
30 50	93 10	92 40	91 75	91 10	90 40	89 75	89 »	88 35	87 65	87 05
31 »	94 60	93 90	93 25	92 60	91 90	91 20	90 50	89 80	89 15	88 50
31 50	96 15	95 40	94 75	94 10	93 40	92 70	92 »	91 30	90 60	90 »
32 »	97 65	96 90	96 25	95 55	94 90	94 20	93 45	92 75	92 10	91 45
32 50	99 15	98 45	97 75	97 05	96 35	95 65	94 95	94 25	93 55	92 90
33 »	100 70	99 95	99 25	98 55	97 85	97 15	96 40	95 70	95 »	94 40
33 50	102 20	101 45	100 75	100 05	99 35	98 65	97 90	97 20	96 50	95 85
34 »	103 70	102 95	102 25	101 55	100 85	100 10	99 40	98 65	97 95	97 30
34 50	105 20	104 45	104 25	103 05	102 35	101 60	100 85	100 15	99 40	98 75
35 »	106 75	106 »	105 80	104 55	103 80	103 10	102 35	101 60	100 90	100 25
35 50	108 25	107 50	107 30	106 05	105 30	104 60	103 80	103 10	102 35	101 70
36 »	109 75	109 »	108 30	107 55	106 80	106 05	105 30	104 55	103 80	103 15
36 50	111 25	110 50	109 80	109 05	108 30	107 55	106 80	106 05	105 30	104 60
37 »	112 80	112 »	111 30	110 55	109 80	109 05	108 25	107 50	106 75	106 10
37 50	114 30	113 55	112 80	112 05	111 25	110 50	109 75	109 »	108 20	107 55
38 »	115 80	115 05	114 30	113 50	112 75	112 »	111 20	110 45	109 70	109 »
38 50	117 35	116 55	115 80	115 »	114 25	113 50	112 70	111 95	111 15	110 50
39 »	118 85	118 05	117 30	116 50	115 75	114 95	114 20	113 40	112 70	111 95
39 50	120 35	119 55	118 80	118 »	117 25	116 45	115 65	114 90	114 10	113 40
40 »	121 85	121 10	120 30	119 50	118 70	117 95	117 15	116 35	115 55	114 85
40 50	123 40	122 60	121 80	121 »	120 20	119 40	118 60	117 85	117 05	116 35
41 »	124 90	124 10	123 30	122 50	121 70	120 90	120 10	119 30	118 50	117 80
Différ.	1 50	1 50	1 50	1 50	1 50	1 50	1 50	1 45	1 45	1 45

PRIX PERPÉTUEL DU PAIN

Prix du Pain provenant de 159 kilos de toutes farines.

PRIX perpétuel des BLÉS par 100 k. brut.	Poids naturel de l'hect. de blé 70 k. rendement par % k.		Poids naturel de l'hect. de blé 71 k. rendement par % k.		Poids naturel de l'hect. de blé 72 k. rendement par % k.		Poids naturel de l'hect. de blé 73 k. rendement par % k.		Poids naturel de l'hect. de blé 74 k. rendement par %.	
	70 k. »»	70 k. 500	71 k. »»	71 k. 500	72 k. »»	72 k. 500	73 k. »»	73 k. 500	74 k. »»	74 k. 500
	Rendement en pain par sac de 159 k. de farine.		Rendement en pain par sac de 159 k. de farine.		Rendement en pain par sac de 159 k. de farine.		Rendement en pain par sac de 159 k. de farine.		Rendement en pain par sac de 159 k. de farine.	
	206 k. 500	207 k. 500	208 k. 500	209 k. »»	210 k. 500	210 k. 500	211 k. 500	212 k. 500	213 k. »»	214 k. »»
	Prix du pain produit par un sac de 159 k. de farine.		Prix du pain produit par un sac de 159 k. de farine.		Prix du pain produit par un sac de 159 k. de farine.		Prix du pain produit par un sac de 159 k. de farine.		Prix du pain produit par un sac de 159 k. de farine.	
fr. c.	fr. c.	fr. c.	fr. c.	fr. c.	fr. c.	fr. c.	fr. c.	fr. c.	fr. c.	fr. c.
16 »	44 10	43 60	43 10	42 60	42 10	41 60	41 »	40 50	40 »	39 50
16 50	45 55	45 05	44 55	44 05	43 55	43 05	42 40	41 90	41 40	40 90
17 »	47 »	46 50	46 »	45 50	44 95	44 45	43 85	43 35	42 80	42 30
17 50	48 45	47 95	47 45	46 90	46 40	45 90	45 25	44 75	44 25	43 70
18 »	49 95	49 40	48 90	48 35	47 85	47 30	46 70	46 15	45 65	45 10
18 50	51 40	50 85	50 35	49 80	49 25	48 75	48 10	47 60	47 05	46 55
19 »	52 85	52 30	51 80	51 25	50 70	50 15	49 55	49 »	48 45	47 95
19 50	54 30	53 75	53 20	52 70	52 15	51 60	50 95	50 45	49 90	49 35
20 »	55 75	55 20	54 65	54 10	53 55	53 »	52 40	51 85	51 30	50 75
20 50	57 20	56 65	56 10	55 55	55 »	54 45	53 80	53 25	52 70	52 15
21 »	58 70	58 10	57 55	57 »	56 45	55 90	55 25	54 70	54 10	53 55
21 50	60 15	59 55	59 »	58 45	57 85	57 30	56 65	56 10	55 55	54 95
22 »	61 60	61 »	60 45	59 90	59 30	58 75	58 10	57 50	56 95	56 35
22 50	63 05	62 50	61 90	61 30	60 75	60 15	59 50	58 95	58 35	57 80
23 »	64 50	63 95	63 35	62 75	62 20	61 60	60 95	60 35	59 75	59 20
23 50	65 95	65 40	64 80	64 20	63 60	63 »	62 35	61 75	61 20	60 60
24 »	67 45	66 85	66 25	65 65	65 05	64 45	63 80	63 20	62 60	62 »
24 50	68 90	68 30	67 70	67 10	66 50	65 90	65 20	64 60	64 »	63 40
25 »	70 35	69 75	69 15	68 50	67 90	67 30	66 65	66 »	65 40	64 80
25 50	71 80	71 20	70 55	69 95	69 35	68 75	68 05	67 45	66 85	66 20
26 »	73 25	72 65	72 »	71 40	70 80	70 15	69 50	68 85	68 25	67 60
26 50	74 70	74 10	73 45	72 85	72 20	71 60	70 90	70 30	69 65	69 05
27 »	76 20	75 55	74 90	74 30	73 65	73 »	72 35	71 70	71 05	70 45
27 50	77 65	77 »	76 35	75 70	75 10	74 45	73 75	73 10	72 50	71 85
28 »	79 10	78 45	77 80	77 15	76 50	75 85	75 20	74 55	73 90	73 25
28 50	80 55	79 90	79 25	78 60	77 95	77 30	76 60	75 95	75 30	74 65
Différ.	1 45	1 45	1 45	1 45	1 45	1 45	1 424	1 40	1 40	1 40

PRIX PERPETUEL DU PAIN

Prix du Pain provenant de 159 kilos de toutes farines.

PRIX perpétuel des BLÉS par 100 k. brut.	Poids naturel de l'hect. de blé 70 k. rendement par °/₀ k.		Poids naturel de l'hect. de blé 71 k. rendement par °/₀ k.		Poids naturel de l'hect. de blé 72 k. rendement par °/₀ k.		Poids naturel de l'hect. de blé 73 k. rendement par °/₀ k.		Poids naturel de l'hect. de blé 74 k. rendement par °/₀ k.	
	70 k. »»	70 k. 500	71 k. »»	71 k. 500	72 k. »»»	72 k. 500	73 k. »»	73 k. 500	74 k. »»	74 k. 500
	Rendement en pain par sac de 159 k. de farine.		Rendement en pain par sac de 159 k. de farine.		Rendement en pain par sac de 159 k. de farine.		Rendement en pain par sac de 159 k. de farine.		Rendement en pain par sac de 159 k. de farine.	
	206 k.500	207 k 500	208 k.500	209 k. »»»	210 k 500	210 k.500	211 k.500	212 k.500	213 k. »»	214 k. »»
	Prix du pain produit par un sac de 159 k. de farine.	Prix du pain produit par un sac de 159 k. de farine.	Prix du pain produit par un sac de 159 k. de farine.	Prix du pain produit par un sac de 159 k. de farine.	Prix du pain produit par un sac de 159 k. de farine.	Prix du pain produit par un sac de 159 k. de farine.	Prix du pain produit par un sac de 159 k. de farine.	Prix du pain produit par un sac de 159 k. de farine.	Prix du pain produit par un sac de 159 k. de farine.	Prix du pain produit par un sac de 159 k. de farine.
fr. c.	fr. c.	fr. c.	fr. c.	fr. c.	fr. c.	fr. c.	fr. c.	fr. c.	fr. c.	fr. c.
29 »	82 »	81 35	80 70	80 05	79 40	78 75	78 »	77 35	76 70	76 05
29 50	83 45	82 80	82 15	81 50	80 80	80 15	79 45	78 80	78 10	77 45
30 »	84 90	84 25	83 60	82 90	82 25	81 60	80 85	80 20	79 55	78 85
30 50	86 40	85 70	85 05	84 35	83 70	83 »	82 30	81 60	80 95	80 25
31 »	87 85	87 15	86 50	85 80	85 10	84 45	83 70	83 05	82 35	81 70
31 50	89 30	88 60	87 95	87 25	86 55	85 85	85 15	84 45	83 75	83 10
32 »	90 75	90 05	89 35	88 70	88 »	87 30	86 55	85 90	85 20	84 50
32 50	92 20	91 50	90 80	90 10	89 40	88 70	88 »	87 30	86 60	85 90
33 »	93 65	92 95	92 25	91 55	90 85	90 15	89 40	88 70	88 »	87 30
33 50	95 15	94 40	93 70	93 »	92 30	91 60	90 85	90 13	89 40	88 70
34 »	96 60	95 85	95 15	94 45	93 70	93 »	92 25	91 55	90 85	90 10
34 50	98 05	97 30	96 60	95 90	95 15	94 45	93 70	92 95	92 25	91 50
35 »	99 50	98 80	98 05	97 30	96 60	95 85	95 10	94 40	93 65	92 95
35 50	100 95	100 25	99 50	98 75	98 05	97 30	96 55	95 80	95 05	94 35
36 »	102 40	101 70	100 95	100 20	99 45	98 70	97 95	97 20	96 50	95 75
36 50	103 90	103 15	102 40	101 65	100 90	100 15	99 40	98 65	97 90	97 15
37 »	105 35	104 60	103 85	103 10	102 35	101 60	100 80	100 05	99 30	98 55
37 50	106 80	106 05	105 30	104 50	103 75	103 »	102 25	101 45	100 70	99 95
38 »	108 25	107 50	106 75	105 95	105 20	104 45	103 65	102 90	102 15	101 35
38 50	109 70	108 95	108 15	107 40	106 65	105 85	105 10	104 30	103 55	102 75
39 »	111 15	110 40	109 60	108 85	108 05	107 30	106 50	105 75	104 95	104 20
39 50	112 65	111 85	111 05	110 30	109 50	108 70	107 95	107 15	106 35	105 60
40 »	114 10	113 30	112 50	111 70	110 95	110 15	109 35	108 55	107 80	107 »
40 50	115 55	114 75	113 95	113 15	112 35	111 55	110 80	110 »	109 20	108 40
41 »	117 »	116 20	115 40	114 60	113 80	113 »	112 20	111 40	110 60	109 80
Différ.	1 45	1 45	1 45	1 45	1 45	1 45	1 424	1 40	1 40	1 40

PRIX PERPÉTUEL DU PAIN

Prix du Pain provenant de 159 kilos de toutes farines.

PRIX perpétuel des BLÉS par 100 k. brut.	Poids naturel de l'hect. de blé 75 k. rendement par °/₀ k.		Poids naturel de l'hect. de blé 76 k. rendement par °/₀ k.		Poids naturel de l'hect. de blé 77 k. rendement par °/₀ k.		Poids naturel de l'hect. de blé 78 k. rendement par °/₀ k.		Poids naturel de l'hect de blé 79 k. rendement par °/₀ k.	
	75 k. »»	75 k. 500	76 k. »»	76 k. 500	77 k. »»	77 k. 500	78 k. »»	78 k. 500	79 k. »»	79 k. 500
	Rendement en pain par sac de 159 k. de farine.		Rendement en pain par sac de 159 k. de farine.		Rendement en pain par sac de 159 k. de farine.		Rendement en pain par sac de 159 k. de farine.		Rendement en pain par sac de 150 k. de farine.	
	214k.500	215 k 500	216 k. »»	217 k. »»	218 k. »»	218k.500	219k.500	220 k. »»	221 k. »»	222k. »»
	Prix du pain produit par un sac de 159 k. de farine.	Prix du pain produit par un sac de 159 k. de farine.	Prix du pain produit par un sac de 159 k. de farine.	Prix du pain produit par un sac de 159 k. de farine.	Prix du pain produit par un sac de 159 k. de farine.	Prix du pain produit par un sac de 159 k. de farine.	Prix du pain produit par un sac de 159,k. de farine.	Prix du pain produit par un sac de 159 k. de farine.	Prix du pain produit par un sac de 159 k. de farine.	Prix de pain produit par un sac de 159 k. de farine.
fr. c.	fr. c.	fr. c.	fr. c.	fr. c.	fr. c.	fr. c.	fr. c.	fr. c.	fr. c.	fr. c.
16 »	39 »	38 50	38 »	37 50	37 »	36 50	36 »	35 40	34 90	34 40
16 50	40 40	39 90	39 40	38 90	38 40	37 85	37 35	36 75	36 25	35 75
17 »	41 80	41 30	40 80	40 25	39 75	39 25	38 75	38 10	37 60	37 10
17 50	43 20	42 70	42 15	41 65	41 15	40 60	40 10	39 50	38 95	38 45
18 »	44 60	44 10	43 55	43 05	42 50	42 »	41 45	40 85	40 30	39 80
18 50	46 »	45 45	44 95	44 40	43 90	43 35	42 85	42 20	41 70	41 15
19 »	47 40	46 85	46 35	45 80	45 25	44 75	44 20	43 55	43 05	42 50
19 50	48 80	48 25	47 75	47 15	46 65	46 10	45 55	44 95	44 40	43 85
20 »	50 20	49 65	49 10	48 55	48 »	47 50	46 95	46 30	45 75	45 20
20 50	51 60	51 05	50 50	49 95	49 40	48 85	48 30	47 65	47 10	46 55
21 »	53 »	52 45	51 90	51 30	50 80	50 20	49 65	49 »	48 45	47 90
21 50	54 40	53 85	53 30	52 70	52 15	51 60	51 05	50 40	49 80	49 25
22 »	55 80	55 25	54 70	54 10	53 55	52 95	52 40	51 75	51 15	50 60
22 50	57 20	56 60	56 05	55 45	54 90	54 35	53 75	53 10	52 55	51 95
23 »	58 60	58 »	57 45	56 85	56 30	55 70	55 10	54 45	53 90	53 30
23 50	60 »	59 40	58 85	58 25	57 65	57 10	56 50	55 85	55 25	54 65
24 »	61 40	60 80	60 25	59 60	59 05	58 45	57 85	57 20	56 60	56 »
24 50	62 80	62 20	61 65	61 »	60 45	59 80	59 20	58 55	57 95	57 35
25 »	64 20	63 60	63 »	62 '0	61 80	61 20	60 60	59 90	59 30	58 70
25 50	65 60	65 »	64 40	63 75	63 20	62 55	61 95	61 30	60 65	60 05
26 »	67 »	66 40	65 80	65 15	64 55	63 95	63 30	62 65	62 »	61 40
26 50	68 40	67 75	67 20	66 50	65 95	65 30	64 70	64 »	63 40	62 75
27 »	69 80	69 15	68 60	67 90	67 30	66 70	66 05	65 35	64 75	64 10
27 50	71 20	70 55	69 95	69 30	68 70	68 05	67 40	66 75	66 10	65 45
28 »	72 60	71 95	71 35	70 65	70 05	69 45	68 80	68 10	67 45	66 80
28 50	74 »	73 35	72 75	72 05	71 45	70 80	70 15	69 45	68 80	68 15
Différ.	1 40	1 40	1 40	1 40	1 40	1 35	1 35	1 35	1 35	1 35

Prix du Pain provenant de 159 kilos de toutes farines.

PRIX perpétuel des BLÉS par 100 k. brut.	Poids naturel de l'hect. de blé 75 k. rendement par %k.		Poids naturel de l'hect. de blé 76 k. rendement par %k.		Poids naturel de l'hect. de blé 77 k. rendement par %k.		Poids naturel de l'hect. de blé 78 k. rendement par %k.		Poids naturel de l'hect. de blé 79 k. rendement par %k.	
	75 k. »»	75 k. 500	76 k. »»	76 k. 500	77 k. »»	77 k. 500	78 k. »»	78 k. 500	79 k. »»	79 k. 500
	Rendement en pain par sac de 159 k. de farine.		Rendement en pain par sac de 159 k. de farine.		Rendement en pain par sac de 159 k. de farine.		Rendement en pain par sac de 159 k. de farine.		Rendement en pain par sac de 159 k. de farine.	
	214 k.500	215 k.500	216 k. »»	217 k. »»	218 k. »»	218 k.500	219 k.500	220 k. »»	221 k. »»	222 k. »»
	Prix du pain produit par un sac de 159 k. de farine.	Prix du pain produit par un sac de 159 k. de farine.	Prix du pain produit par un sac de 159 k. de farine.	Prix du pain produit par un sac de 159 k. de farine.	Prix du pain produit par un sac de 159 k. de farine.	Prix du pain produit par un sac de 159 k. de farine.	Prix du pain produit par un sac de 159 k. de farine.	Prix du pain produit par un sac de 159 k. de farine.	Prix du pain produit par un sac de 159 k. de farine.	Prix du pain produit par un sac de 159 k. de farine.
fr. c.	fr. c.	fr. c.	fr. c.	fr. c.	fr. c.	fr. c.	fr. c.	fr. c.	fr. c.	fr. c.
29 »	75 40	74 75	74 15	73 45	72 85	72 15	71 50	70 80	70 15	69 50
29 50	76 80	76 15	75 55	74 80	74 20	73 55	72 90	72 15	71 50	70 85
30 »	78 20	77 55	76 90	76 20	75 60	74 90	74 25	73 55	72 85	72 20
30 50	79 60	78 95	78 30	77 60	76 95	76 30	75 60	74 90	74 20	73 55
31 »	81 »	80 30	79 70	78 95	78 35	77 65	77 »	76 25	75 60	74 90
31 50	82 40	81 70	81 10	80 35	79 70	79 05	78 35	77 60	76 95	76 25
32 »	83 80	83 10	82 50	81 70	81 10	80 40	79 70	79 »	78 30	77 60
32 50	85 20	84 50	83 85	83 10	82 45	81 80	81 10	80 35	79 65	78 95
33 »	86 60	85 90	85 25	84 50	83 85	83 15	82 45	81 70	81 »	80 30
33 50	88 »	87 30	86 65	85 85	85 25	84 50	83 80	83 05	82 35	81 65
34 »	89 40	88 70	88 05	87 25	86 65	85 90	85 20	84 45	83 70	83 »
34 50	90 80	90 10	89 45	88 65	88 »	87 25	86 55	85 80	85 05	84 35
35 »	92 20	91 45	90 80	90 »	89 35	88 65	87 90	87 15	86 45	85 70
35 50	93 60	92 85	92 20	91 40	90 75	90 »	89 25	88 50	87 80	87 05
36 »	95 »	94 25	93 60	92 80	92 10	91 40	90 65	89 90	89 15	88 40
36 50	96 40	95 65	95 »	94 15	93 50	92 75	92 »	91 25	90 50	89 75
37 »	97 80	97 05	96 40	95 55	94 90	94 10	93 35	92 60	91 85	91 10
37 50	99 20	98 45	97 75	96 95	96 25	95 50	94 75	93 95	93 20	92 45
38 »	100 60	99 85	99 15	98 30	97 65	96 85	96 10	95 35	94 55	93 80
38 50	102 »	101 25	100 55	99 70	99 »	98 25	97 45	96 70	95 90	95 15
39 »	103 40	102 60	101 95	101 05	100 40	99 60	98 85	98 05	97 30	96 50
39 50	104 80	104 »	103 35	102 45	101 75	101 »	100 20	99 40	98 65	97 85
40 »	106 20	105 40	104 70	103 85	103 15	102 35	101 55	100 80	100 »	99 20
40 50	107 60	106 80	106 10	105 20	104 51	103 75	102 95	102 15	101 35	100 55
41 »	109 »	108 20	107 50	106 60	105 90	105 10	104 30	103 50	102 70	101 90
Différ.	1 40	1 40	1 40	1 40	1 40	1 35	1 35	1 35	1 35	1 35

PRIX PERPÉTUEL DU PAIN

Prix du Pain provenant de 159 kilos de toutes farines.

PRIX perpétuel des BLÉS par 100 k. brut.	Poids naturel de l'hect. de blé 80 k. rendement par °/₀ k. 80 k. »»	80 k. 500	Poids naturel de l'hect. de blé 81 k. rendement par °/₀ k. 81 k. »»	81 k. 500	Poids naturel de l'hect. de blé 82 k. rendement par °/₀ k. 82 k »»	82 k. 500	Poids naturel de l'hect. de blé 83 k. rendement par °/₀ k. 83 k. »»	83 k. 500	Poids naturel de l'hect. de blé 84 k. rendement par °/₀ k. 84 k. »»	84 k. 500
	Rendement en pain par sac de 159 k. de farine. 222 k.500	223 k. »»	Rendement en pain par sac de 159 k. de farine. 224 k. »»	225 k. »»	Rendement en pain par sac de 159 k. de farine. 226 k. »»	226 k.500	Rendement en pain par sac de 159 k. de farine. 227 k.500	228 k. »»	Rendement en pain par sac de 159 k. de farine. 229 k. »»	230 k. »»
	Prix du pain produit par un sac de 159 k. de farine.	Prix du pain produit par un sac de 159 k. de farine.	Prix du pain produit par un sac de 159 k. de farine.	Prix du pain produit par un sac de 159 k. de farine.	Prix du pain produit par un sac de 159 k. de farine.	Prix du pain produit par un sac de 159 k. de farine.	Prix du pain produit par un sac de 159 k. de farine.	Prix du pain produit par un sac de 159 k. de farine.	Prix de pain produit par un sac de 159 k. de farine.	Prix du pain produit par un sac de 159 k. de farine.
fr. c.	fr. c.	ft c.	fr. c.	fr. c.	fr. c.	fr. c.	fr. c.	fr. c.	fr. c.	fr. c.
16 »	33 90	33 40	32 90	32 40	31 90	31 30	30 80	30 30	29 80	29 30
16 50	35 25	34 75	34 25	33 75	33 20	32 61	32 10	31 60	31 10	30 60
17 »	36 60	36 10	35 55	35 05	34 55	33 95	33 40	32 90	32 40	31 90
17 50	37 75	37 40	36 90	36 40	35 85	35 25	34 75	34 20	33 70	33 20
18 »	39 30	38 75	38 25	37 70	37 20	36 55	36 05	35 50	35 »	34 50
18 50	40 60	40 10	39 55	39 05	38 50	37 90	37 35	36 85	36 30	35 75
19 »	41 95	41 45	40 90	40 35	39 80	39 20	38 65	38 15	37 60	37 05
19 50	43 30	42 75	42 20	41 70	41 15	40 55	40 »	39 45	38 90	38 35
20 »	44 65	44 10	43 55	43 »	42 45	41 85	41 30	40 75	40 20	39 65
20 50	46 »	45 45	44 90	44 35	43 80	43 15	42 60	42 05	41 50	40 95
21 »	47 35	46 80	46 20	45 65	45 10	44 50	43 90	43 35	42 80	42 25
21 50	48 70	48 10	47 55	47 »	46 40	45 80	45 25	44 65	44 10	43 55
22 »	50 05	49 45	48 90	48 30	47 75	47 10	46 55	45 95	45 40	44 85
22 50	51 35	50 80	50 20	49 65	49 05	48 45	47 85	47 30	46 70	46 10
23 »	52 70	52 15	51 55	50 95	50 40	49 75	49 15	48 60	48 »	47 40
23 50	54 05	53 45	52 90	52 30	51 70	51 05	50 50	49 90	49 30	48 70
24 »	55 40	54 80	54 20	53 60	53 »	52 40	51 80	51 20	50 60	50 »
24 50	56 75	56 15	55 55	54 95	54 35	53 70	53 10	52 50	51 90	51 30
25 »	58 10	57 50	56 90	56 25	55 65	55 »	54 40	53 80	53 20	52 60
25 50	59 45	58 80	58 20	57 60	57 «	56 35	55 75	55 10	54 50	53 90
26 »	60 80	60 15	59 55	58 90	58 30	57 65	57 05	56 40	55 80	55 20
26 50	62 10	61 50	60 85	60 25	59 60	59 »	58 35	57 75	57 10	56 45
27 »	63 45	62 85	62 20	61 55	60 95	60 30	59 65	59 05	58 40	57 75
27 50	64 80	64 15	63 55	62 90	62 25	61 60	61 »	60 35	59 70	59 05
28 »	66 15	65 50	64 85	64 20	63 60	62 95	62 30	61 65	61 »	60 35
28 50	67 50	66 85	66 20	65 55	64 90	64 25	63 60	62 95	62 30	61 65
Différ.	1 35	1 35	1 35	1 35	1 30	1 30	1 30	1 30	1 30	1 30

PRIX PERPÉTUEL DU PAIN

Prix du Pain provenant de 159 kilos de toutes farines.

PRIX perpétuel des BLÉS par 100 k. brut.	Poids naturel de l'hect. de blé 80 k. rendement par °/₀ k.		Poids naturel de l'hect. de blé 81 k. rendement par °/₀ k.		Poids naturel de l'hect. de blé 82 k. rendement par °/₀ k.		Poids naturel de l'hect. de blé 83 k. rendement par °/₀ k.		Poids naturel de l'hect. de blé 84 k. rendement par °/₀ k.	
	80 k. »»	80 k. 500	81 k. »»	81 k. 500	82 k »»	82 k. 500	83 k. »»	83 k. 500	84 k. »»	84 k. 500
	Rendement en pain par sac de 159 k. de farine.		Rendement en pain par sac de 159 k. de farine.		Rendement en pain par sac de 159 k. de farine.		Rendement en pain par sac de 159 k. de farine.		Rendement en pain par sac de 159 k. de farine.	
	222k.500	223 k. »»	224 k. »»	225 k. »»	226 k. »»	226k.500	227k.500	228 k. »»	229 k.»»	230 k.»»
	Prix du pain produit par un sac de 159 k. de farine.	Prix du pain produit par un sac de 159 k. de farine.	Prix du pain produit par un sac de 159 k. de farine.	Prix du pain produit par un sac de 159 k. de farine.	Prix du pain produit par un sac de 159 k. de farine.	Prix du pain produit par un sac de 159 k. de farine.	Prix du pain produit par un sac de 159 k. de farine.	Prix du pain produit par un sac de 159 k. de farine.	Prix du pain produit par un sac de 159 k. de farine.	Prix du pain produit par un sac de 159 k. de farine.
fr. c.	fr. c.	fr. c.	fr. c.	fr. c.	fr. c.	fr. c.	fr. c.	fr. c.	fr. c.	fr. c.
29 »	68 85	68 20	67 55	66 90	66 20	65 55	64 90	64 25	63 60	62 95
29 50	70 20	69 55	68 85	68 20	67 55	66 90	66 20	65 55	64 90	64 25
30 »	71 55	70 85	70 20	69 55	68 85	68 20	67 55	66 85	66 20	65 55
30 50	72 90	72 20	71 53	70 85	70 20	69 50	68 85	68 15	67 50	66 85
31 »	74 20	73 55	72 85	72 20	71 50	70 85	70 15	69 50	68 80	68 10
31 50	75 55	74 90	74 20	73 50	72 80	72 15	71 45	70 80	70 10	69 40
32 »	77 90	76 20	75 50	74 85	74 15	73 50	72 80	72 10	71 40	70 70
32 50	79 25	77 55	76 85	76 15	75 45	74 80	74 10	73 40	72 70	72 »
33 »	80 60	78 90	78 20	77 50	76 80	76 10	75 40	74 70	74 »	73 30
33 50	81 95	80 25	79 50	78 80	78 10	77 45	76 70	76 »	75 30	74 60
34 »	83 30	81 65	80 85	80 15	79 40	78 75	78 05	77 30	76 60	75 90
34 50	84 65	83 »	82 20	81 45	80 75	80 05	79 35	78 60	77 90	77 20
35 »	85 95	84 35	83 50	82 80	82 05	81 40	80 65	79 95	79 20	78 45
35 50	86 30	85 70	84 85	84 10	83 40	82 70	81 95	81 25	80 50	79 75
36 »	87 65	86 90	86 20	85 45	84 70	84 »	83 30	82 55	81 80	81 05
36 50	89 »	88 25	87 50	86 75	86 »	85 35	84 60	83 85	83 10	82 35
37 »	90 35	89 60	88 85	88 10	87 35	86 65	85 90	85 15	84 40	83 65
37 50	91 70	90 95	90 20	89 40	88 65	87 95	87 20	86 45	85 70	84 95
38 »	93 05	92 25	91 50	90 75	90 »	89 30	88 55	87 75	87 »	86 25
38 50	94 40	93 60	92 85	92 05	91 30	90 61	89 85	89 05	88 30	87 55
39 »	95 70	94 95	94 15	93 40	92 60	91 95	91 15	90 40	89 60	88 80
39 50	97 05	96 30	95 50	94 70	93 95	93 25	92 45	91 70	90 90	90 10
40 »	98 40	97 60	96 80	96 05	95 25	94 55	93 80	93 »	92 20	91 40
40 50	99 75	98 95	98 15	97 35	96 60	95 90	95 10	94 30	93 50	92 70
41 »	101 10	100 30	99 50	98 70	97 90	97 20	96 40	95 60	94 80	94 »
Differ.	1 35	1 35	1 35	1 35	1 30	1 30	1 30	1 30	1 30	1 30

Chalon-sur-Saône, imp. MONTALAN.

www.ingramcontent.com/pod-product-compliance
Lightning Source LLC
Chambersburg PA
CBHW050516210326
41520CB00012B/2335